(거의)
모든 것을
기억하는
방법

이 도서의 국립중앙도서관 출판예정도서목록(CIP)은 서지정보유통지원시스템 홈페이지(http://seoji.nl.go.kr)와 국가자료공동목록시스템(http://www.nl.go.kr/kolisnet)에서 이용하실 수 있습니다.(CIP제어번호: **CIP2017020237**)

(거의) 모든 것을 기억하는 방법

지은이 / 롭 이스터웨이
옮긴이 / 조가은
펴낸곳 / 늘봄

등록번호 / 제300-1996-106호 1996년 8월 8일
주소 / 서울시 종로구 동숭4길 9 (동숭동 19-2)
전화 / 02)743-7784
팩스 / 02)743-7078

초판발행 / 2017년 8월 20일

ISBN 978-89-6555-059-4 43030

※ 값은 표지에 있습니다.

(거의) 모든 것을 기억하는 방법

롭 이스터웨이 지음
조가은 옮김

늘봄

감사의 글

Acknowledgements

여러 실험들에 열성적으로 응해준 조카 톰과 마크, 기억법 관련 자료를 조사해준 데이비드와 이안, 내가 길을 잃지 않게 해준 헤이즐과 베리에게 고마움을 전합니다. 또한 마르타, 데이브, 피터와 메리, 크리스와 '옛날이 좋았지'Good Old Days 그룹에게도 감사를 표합니다. 실험에 응해준 The Baptist National School Midleton, the American School of Bucharest, Lakeside School Coppell, Nation's Ford Charlotte의 선생님과 학생들 덕분에 이 책이 완성될 수 있었습니다. 항상 응원해주는 엘레인, 고맙습니다. 또한 몇 달에 걸쳐 제 퀴즈들에 답해준 톰 로렌진, 바바라 아브라함스, 헬렌 니콜, 그 외의 모든 분들께 감사드립니다.

- R. E.

Rob Eastaway (롭 이스터웨이_지은이)

영국인으로 재미있는 수학과 자기계발서에 관한 베스트셀러 작가. 기업과 정부를 대상으로 혁신에 관한 강연과 컨설턴트를 해오고 있다. 《New Scientist》지에 수많은 퍼즐 문제를 기고하였으며, BBC라디오 방송에 정기적으로 출연하고 있다. 영국 수학협회 회장을 역임했고, 저서로는 《What is a googly》, 《틀을 깨는 생각은 어떻게 만들어지는가》, 《왜 버스는 한꺼번에 오는 걸까?》 등이 있다. 런던에 살고 있으며, 주말에는 열렬한 크리켓 선수이며 가끔 골프도 친다.
http://www.robeastaway.com

CONTENTS

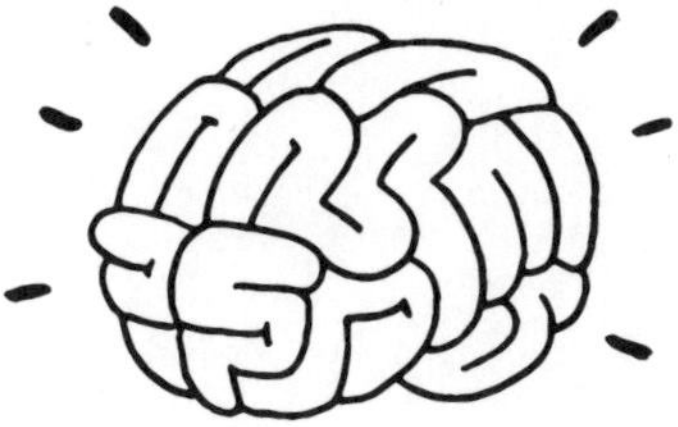

PART 2

PART 3

시작하며
Introduction

여러분의 몸 안에는 세상에서 가장 강력한 컴퓨터가 들어있습니다. 그 컴퓨터는 순식간에 수십억 비트의 정보를 저장하고 불러낼 수 있습니다. 전기로 돌아가는 컴퓨터들보다도 빠르고 정확하게 소리나 냄새, 글씨체나 그림을 인식할 수 있습니다.

이 컴퓨터가 뭐냐고요? 물론 당신의 뇌를 의미하는 겁니다. 인간의 뇌는 워낙 똑똑하고 복잡한지라 과학자들마저도 최근에야 그것이 어떻게 작동하는지, 어떤 일을 할 수 있는지 이해하기 시작했습니다.

우리의 뇌가 가진 그 어떤 기능보다도 중요하고 신비로운 것은 바로 기억하는 것입니다.

기억은 무엇일까요? 어떻게 작용할까요? 동물들은 기억을 할 수 있을까요? 모든 것을 기억할 수는 없을까요? 사람들이 어떤 훈련을 받으면 초인적으로 기억력을 향상시킬 수 있을까요? 우리는 이러한 불가사의들을 조사해볼 필요가 있습니다.

이 책의 1부에서는 기억력을 향상시키는 다양한 방법에 대해 알아보고, 여러분의 뇌를 최대한 활용할 수 있도록 연습해보겠습니다. 2부에서는 기억과 뇌의 작동방식에 대해 과학자들이 밝혀낸 연구와 발견을 알아보겠습니다. 3부에는 50가지 재미있고 배우기 쉬운 기억력 향상 필살기들을 실었으니, 잘 기억해서 친구들에게 뽐내보세요.

책을 읽어가면서 기억에 대한 흥미진진한 실제 사례들, 기억법에 대한 실험과 연습들을 풀다보면 시간가는 줄 모르게 될 것입니다.

자, 그러면 이제부터 신기한 기억법의 세계로 들어가 자신의 놀라운 기억 능력에 대해 새삼 놀라볼까요?

PART 1

더 많은 것을 기억하는 방법

그거 아시나요? 학자들에 따르면, 우리는 일반적으로 뇌의 역량을 10% 미만만 사용하고 있다고 합니다.

이것이 사실이라면, 여러분은 여러분의 기억을 크게 향상시킬 잠재력을 가지고 있는 것입니다. 1부에서는 이것들을 테스트 할 수 있게 엮었습니다. 기억을 향상시키기 위한 많은 팁과 기법들을 통해서 말이죠. 하지만 주의해야 할 점은, 새로운 기술은 배우는 데 시간이 걸린다는 점입니다. 앞으로 나오는 필살기들을 익히는 데 충분한 시간을 들여 연습해주세요.

어느 순간 여러분은 자신마저 놀라게 할 몇 가지 힘을 가지고 있다는 걸 발견할지도 모릅니다. 자, 그러면 간단한 실험 하나로 시작해봅시다.

실험

Experiment 1

단어 암기

책장을 한 장 넘기면 14쪽에 20개의 단어가 있습니다. 딱 한 번만 그 단어들을 죽 읽어본 후 다시 이 쪽으로 돌아오세요.

지금 해보세요!

자, 다 읽어보셨나요? 이제 그 20개 단어 중에 여러분이 기억하는 단어들을 모두 적어보세요. 과연 여러분은 몇 개까지 기억할 수 있을까요?

기억이 안 난다고요? 다섯 개 이상의 단어를 썼다면 매우 잘 한 겁니다. 중요한 건 여러분이 어떤 단어들을 기억했냐는 것입니다. 일반적으로 사람들은 목록의 첫 번째와 마지막 항목은 잘 기억하므로, 여러분은 아마 '인형'과 '침대'는 기억이 났을 겁니다. 하나 더 맞춰보자면, 여러분은 '우당탕쿵탕'도 기억했을 거예요. 왜냐하면 우당탕쿵탕은 목록에 있는 다른 단어들보다 길고 우스운 말이기 때문입니다. 우리의 뇌는 특이하거나 바보 같은 말들을 특히 잘 기억합니다.

아래의 단어들을 한 번
읽은 후 다시 앞쪽으로 돌아가세요

인형	우당탕쿵탕	높다
손	껌	요리사
초록색	양동이	시간
둘	날다	어떻게
플라스틱	빠름	화나다
떨어졌다	무겁다	침대
붙이다	마루	

필살기 : 이야기 만들기

14쪽에 나열된 단어들을 모두 기억하지 못했던 이유 중 하나는 단어들 간에 연결고리가 없다는 점입니다. 규칙이나 연결점이 있는 것들에 비해 뒤죽박죽인 것을 기억하는 것이 훨씬 어렵습니다. 한 번 확인해보세요. 여기 성냥개비로 만든 두 개의 모양이 있습니다. 둘 다 몇 초간 보고 나서 손으로 가리십시오. 둘 중 어느 것이 더 기억에 남습니까?

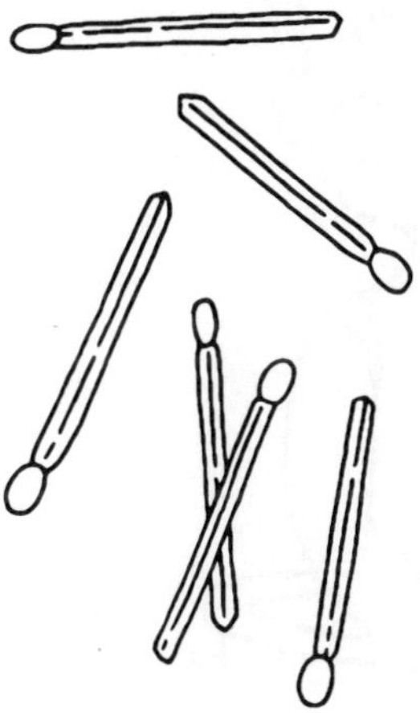

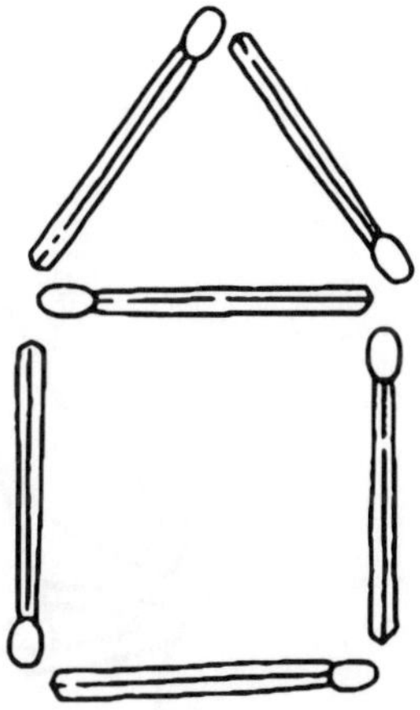

두 모양 모두 성냥개비 6개로 만들었지만, 오른쪽에 있는 모양은 인식 할 수 있는 그림이므로 기억하기 쉽습니다. 각 성냥개비가 다음 성냥개비와 의미 있게 이어지지요. 기억은 기억해야 하는 것들이 서로 연결될 때 가장 잘 작동합니다.

주어진 여러 단어들을 연결하는 한 가지 방법은 이야기를 만드는 거예요. 이전 쪽의 단어 목록을 모두 사용해 이야기를 만들어 봅시다. 잊지 마세요. 이야기가 더 우스울수록 더 쉽게 기억할 수 있다는 점을요!

옛날옛날 **두 개**의 **초록색 손**을 가진 **플라스틱 인형**이 있었습니다. 어느 날 한 손이 **우당탕쿵탕 떨어져서** 내가 **껌**을 사용해 손을 다시 **붙였어요**. 나는 "이 **인형**이 **날** 수 있을까?" 궁금했는데, 너무 **무거워서 마루** 위의 **양동이**에 **빠른** 속도로 **떨어졌죠**. "**어떻게** 된 거야?" **화가 난 요리사**가 말했어요. 나는 "잘 **시간**이야!"라고 말하고 **침대**에 누었어요.

위의 이야기를 다시 읽은 다음, 손으로 가리고 얼마나 되새길 수 있는지 확인해 보세요. 이런 방식으로 여러분은 주어진 단어들을 더 많이 기억할 수 있습니다. 다음번에 기억해야 할 중요한 목록 있을 때, 항목들의 정보를 스토리로 연결해보면 어떨까요?

스토리텔링, 반복을 통한 기억법

지난 100년 동안 탐험가들은 세계 곳곳을 여행하며 문자가 없는 부족들을 다수 발견했습니다. 부족의 모든 역사와 전설은 자신들의 머릿속에 그것을 기억한 무당(이야기꾼)들에 의해 한 세대에서 다음 세대로 전해졌습니다. 이 이야기들을 기록한 인류학자들에 따르면 무당들이 워낙 긴 이야기를 암송하느라 6일이나 걸리는 경우도 있었다고 합니다. 글로 옮기면 수백 쪽을 채울 수 있는 분량이죠. 무당들은 어떻게 그 긴 이야기를 외웠을까요? 그건 바로 완벽하게 **기억**(체득: 몸으로 이해)할 때까지 **반복**해서 듣고 말하는 방법을 통해서입니다. 반복, 반복 학습이야 말로 기억을 보존할 수 있는 가장 강력한 방법이라는 것을 꼭 명심하세요!

좋아하는 축구팀의 선수
학교에 가져갈 것
음성메시지
학급 친구들의 이름
받아쓰기
쇼핑 목록

이야기 만들기 방법은 특정한 몇몇 단어나 단순한 리스트를 기억하는 데에는 매우 유용하지만 많은 단어나 복잡한 리스트를 기억하는 데에는 도움이 되지 않습니다. 예를 들어, 새 학교로 전학을 간 경우 학급 친구들의 이름을 어떻게 모두 기억할 수 있을까요? 2천년도 더 전에 고대 그리스 시인 시모니데스가 발견한 다음의 방법을 시도해보세요.

시모니데스Simonides 이야기

시인 시모니데스는 종종 청중 앞에서 시 낭송을 요청 받았습니다. 어느 날 그는 스코파스라는 귀족이 주최한 연회에 공연자로 초청받아 저녁 식사 후 시 낭송을 했습니다. 시모니데스는 스코파스를 위해 준비한 헌정시를 낭송했습니다. 공연이 끝나자마자 스코파스는 급한 전갈을 받고 건물을 나섰고 시모니데스도 곧 연회장을 떠났죠. 그 둘이 건물을 떠난 후 공교롭게 엄청난 재앙이 닥쳤습니다.

갑작스러운 지진으로 건물 전체가 무너져 안에 있던 사람들이 모두 깔려죽은 것입니다! 연회를 즐기던 사람들의 시체는 모두 알아보기 힘들 정도로 망가져 누가 누군지 구분할 수도 없었습니다. 시신을 수습하려던 유가족들이 누가 자신의 가족인지 몰랐기 때문에 이건 큰 문제였죠. 하지만 다행히도 시모니데스는 식탁을 기준으로 각 연회객들이 어디에 앉았는지 정확하게 기억할 수 있었습니다.

이 경험은 시모니데스에게 아이디어를 주었습니다. 그는 손님들이 모두 방안의 특정 장소에 있었기 때문에 손님 기억하기가 쉽다는 것을 깨달은 것이지요. 시모니데스는 연회에서 자신의 경험을 사용해 '방 배치 방법'이라고 부르는 영리한 기억 방법을 발명했습니다.

학교에서 시모니데스 기억법 사용하기

학급의 모든 친구들의 이름을 한 명도 빼놓지 않고 기억해보세요. 어려운가요? 시모니데스의 방 배치 방법을 활용해보도록 합시다. 교실에 놓인 책상들을 먼저 떠올리고, 친구들이 모두 어디에 앉아 있는지 떠올려보세요. 책상을 하나씩 떠올리면 아마 여러분은 그 자리에 누가 앉았는지 기억할 수 있을 겁니다. 따라서 교실에 있는 모든 사람들 기억하려면 머릿속에 책상들이 어디 있는지부터 떠올리면 쉬워요. 어떤가요?

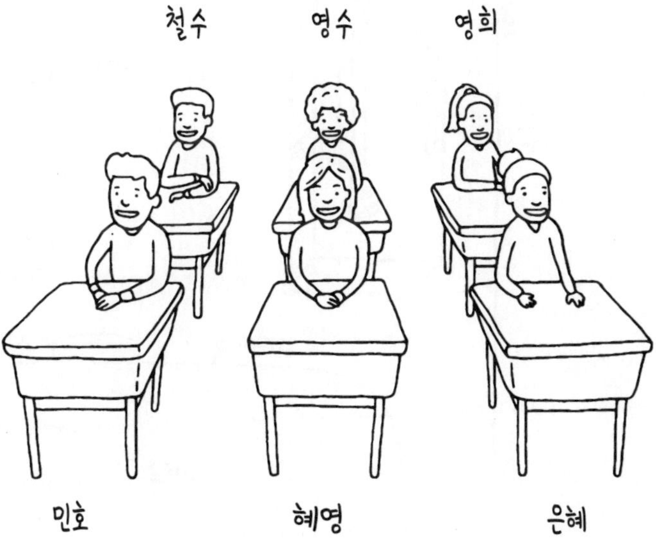

방 배치 방법

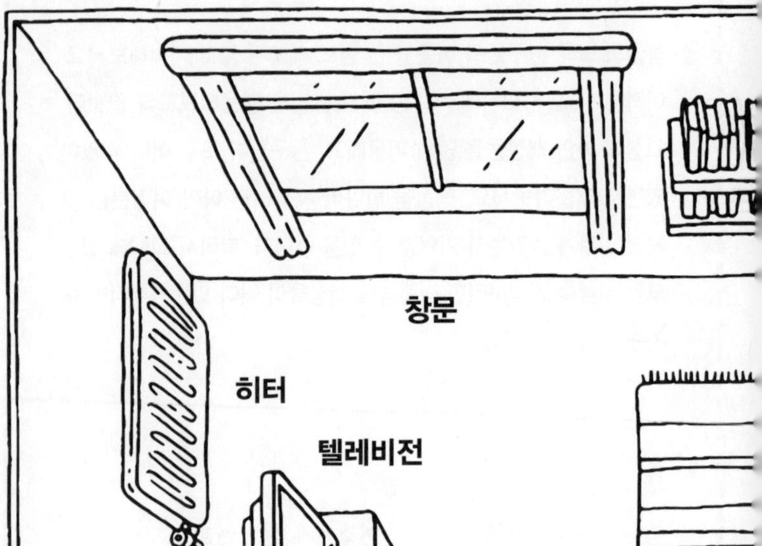

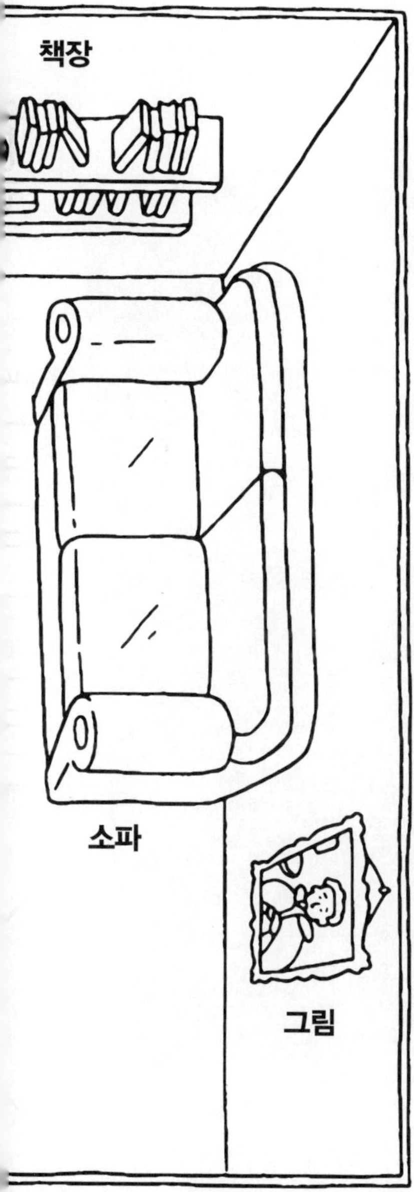

고대 그리스 때 학교에서 가르치는 제일 중요한 과목 중 하나가 기억법이었습니다. 많은 학생들이 시모니데스의 기억법을 배웠죠. 방 배치 방법을 시도해볼 수 있는 연습문제를 준비했어요.

시작하기 전에, 옆에 있는 방의 여덟 개의 단어를 보세요. 각 물건이 어디에 있는지 확실히 기억할 수 있는지 확인해보세요.

이제 암기해야 할 8가지 항목의 쇼핑 목록이 있습니다. 앞쪽의 방을 이용해서 목록을 외워보도록 합시다.

쇼핑 목록

장난감 트럭

꽃

소시지

개밥

벽시계

신문

줄무늬 넥타이

초콜릿 바

이 물건들을 특별한 방법으로 기억해봅시다.

장난감 트럭 장난감 트럭이 히터 위를 따라 달리고 있는 모습을 상상해보세요. 칙칙폭폭 소리를 내면서 외워보세요!

꽃 텔레비전을 보세요. 텔레비전 화면 안에 아름다운 꽃들이 나오고 있다고 상상해보세요.

소시지 들쑥날쑥 책장의 맨 윗줄을 노려보세요. 그 선반에 있는 모든 책들이 소시지 튀김처럼 지글 거리고 있다고 상상해보세요.

개밥 창문을 보세요. 엄청 커다란 개가 개밥을 물고 창문을 들여다보고 있다고 상상해보세요.

벽시계 그림을 지탱하고 있는 걸이가 시계의 초침이라고 상상해보세요. 똑딱똑딱 똑딱….

신문 소파 등받이에 신문을 펼쳐 놓았다고 상상해보세요.

줄무늬 넥타이 양탄자의 패턴이 줄무늬 넥타이로 만들어졌다고 상상해보세요.

초콜릿 바 초콜릿 한 덩어리가 녹아서 식탁 위로 흘러내리고 있다고 상상해보세요.

이제 책을 닫고 머릿속의 방을 떠올려보세요. 목록에 있는 모든 쇼핑 리스트를 기억할 수 있나요?

잘 따라오고 계신가요? 이 방법을 사용하면 일반적으로 8개 항목 중 5개 이상을 기억할 수 있습니다. 8가지 모두를 기억하지 못했다면 그 이유를 생각해보세요. 머리에서 상상한 방의 그림이 충분히 선명하지 않았을 수도 있습니다. 이미지가 정말로 바보 같은 경우, 특히 물건들이 돌아다니거나 소리를 낸다고 생각했을 때 더 기억하기 쉽습니다. 예를 들어, 창문을 들여다보고 있는 개가 개밥 깡통으로 창을 두드린다고 상상해보면 어떨까요?

완벽한 암기!

고대 그리스에서는 정치가와 변호사들이 종종 연설을 해야 했습니다. 간혹 연설자가 어떠한 메모도 사용할 수 없다는 규칙을 지켜야 했다고 합니다. 그것이 얼마나 어려울지 상상해보세요! 연설을 암기하기 위해 그리스인은 방 배치 방법을 사용했습니다. 그들은 '기억의 집'의 각 부분에 연설문의 각 문장을 배치합니다. 그런 다음 연설을 하는 동안 그 집 안을 걷는 모습을 상상하면서 연설을 이어나갔습니다.

이 방 배치 방법은 로마에서도 유행했습니다. 아마 줄리어스 시저도 위대한 연설을 했을 때 이 방법을 사용했을 겁니다. 군대에서 장교들은 부하들의 이름을 알아야 하기 때문에 기억법이 특히 중요했습니다. 위대한 로마 장군 중 한 명인 스키피오Publius Scipio는 그의 휘하 35,000명 병사 모두의 이름을 알고 있었다고 전해집니다. 여러분은 얼마나 많은 이름을 알고 계신가요?

가족모임 암기놀이!

텔레비전이 발명되기 전, 사람들은 시간을 즐겁게 보낼 수 있는 방법을 연구하고 찾아야 했습니다. 많은 집에 피아노가 있어서 일요일 저녁에는 종종 노래를 함께 불렀습니다. 그들은 또한 게임을 하거나 간단한 놀이를 하면서 놀았습니다. 특히 기억법 놀이가 인기 있었습니다. 아이들은 종종 부모님을 위해 시를 처음부터 끝까지, 또 마지막 줄부터 거꾸로 암송하여 흐뭇한 시간을 가졌습니다!

인기 있었던 기억법 놀이 중 하나는 단어 목록의 단어들을 모두 기억한 후 다른 사람들이 원하는 순서대로 목록을 불러내는 놀이였어요. 예를 들어, "12번째 단어는 무엇입니까?" 또는 "하나 건너 하나씩 단어를 말해보세요."라는 질문을 받을 수 있습니다. 혹은 처음부터 다 외우는 방법이 있었습니다.

방 배치 방법을 통해 이 놀이를 이길 수 있습니다. 만약 순서대로 외워야 할 단어가 16개로 늘었다면 집에 있는 8개의 각 가구에 두 개씩 대입하면 됩니다. 예를 들어 책장을 이용해 소시지와 케첩이라는 두 개의 단어를 기억해야 한다면, 책장 아래층에서 소시지가 지글지글 익어가고 있고, 책장 위층엔 소시지에 뿌릴 케첩이 놓여있다고 상상하는 겁니다.

각 단어가 여러분의 목록 중 어느 순서에 있는지까지 완벽하게 기억하려면, 방에 있는 물건을 다음과 같은 순서대로 기억하세요.

목록에 있는 16개의 단어들을 외우려면 방안을 돌아다니면서 각 물건을 가구 위에 놓습니다. 누가 단어를 물어본다면 먼저 방의 정확한 부분을 상기하고, 거기에 어떤 물건이 놓여있는지 보는 겁니다. 예를 들면, 여덟 번째 단어는 커튼 속에 있겠죠.

11 소파 등받이

12 소파 쿠션

13 양탄자의 패턴

14 양탄자 주위의 털실

15 식탁 위

16 식탁 아래

저는 두 개의 목록을 만들어서 열 살짜리 아이들과 이 방법을 시험해보았습니다. 우리는 첫 번째 목록을 일반적인 방법처럼 읽으면서 암송했고, 두 번째 목록은 방 배치 방법을 사용해 암송했습니다. 매튜라는 한 친구는 첫 번째 방법으로는 4개밖에 기억하지 못했지만, 방 배치 방법을 사용했을 때 16개 모두를 기억했습니다.

여러분은 목록에 있는 대부분의 단어들이 적어도 한 시간 동안 그리고 때로는 하루나 한 주 동안 머릿속에 남아 있다는 것을 알게 될 거예요. 이 책에 그려진 방을 사용해도 되고 여러분만의 방을 직접 만들 수 있습니다. 여러분의 침실이나 교실과 같은 진짜 방일 수도 있고, 상상의 방을 그려볼 수도 있습니다.

놀라운 기억을 가진 S 아저씨

방 배치 방법을 반복해서 연습해보세요. 여러분이 생각한 것보다 훨씬 더 많은 정보를 암기하는 데 도움이 된답니다. 그래도 당신은 역대 가장 놀라운 기억을 가진 **S** 아저씨를 이길 수는 없을 거예요.

S 아저씨의 이름은 셰레스케프스키ShereSkevSkii였고 1800년대 후반 러시아에서 태어났습니다. 이후 '**S** 아저씨'로 알려진 셰레스케프스키는 신문 기자로 일을 하면서 그의 놀라운 기억력이 알려지게 되었습니다. 어느 날 아침, 신문 편집인은 **S** 아저씨가 브리핑 중에 필기를 하지 않는다는 것을 알고 **S** 아저씨가 집중하지 않고 있다고 지적했습니다. 하지만 **S** 아저씨는 편집인의 지시를 토씨 하나도 틀리지 않고 반복할 수 있었습니다. 편집인과 주위 모두들 매우 놀랐지만, **S** 아저씨는 자신이 한 일이 별로 대단한 일이라고 생각하지 않았습니다.

알렉산더 루리아Luria라는 과학자가 **S** 아저씨의 기억을 시험했습니다. 루리아는 **S** 아저씨가 주어진 모든 숫자와 단어를 외울 수 있다는 것을 알게 되고 매우 놀랐습니다. 루리아가 아무리 어려운 시험을 만들더라도 **S** 아저씨는 결코 실수하지 않았습니다. 루리아는 30년 동안 **S** 아저씨를 연구했으며 놀라운 결과를 발표하기도 했습니다. **S** 아저씨는 15년 전에 풀었던 시험문제까지 정확하게 기억해낼 수 있었습니다.

“제가 1929년에 낸 시험은 무엇이었습니까?” 루리아는 1944년에 **S** 아저씨에게 물었습니다. **S** 아저씨는 대답하기 전에 잠깐 생각했습니다. “음, 당신이 아파트에서 낸 시험이었습니다. 루리아 씨는 테이블에 검은 정장을 입은 채 앉아있고, 저는 흔들의자에 앉아있었습니다. 당신이 ‘1, 13, 74, 29’라고 말하는 모습이 그려지네요.”

루리아는 **S** 아저씨가 어떻게 이렇게 잘 기억하는지 궁금했습니다. **S** 아저씨는 그의 기억이 작동하는 독특한 방법을 설명해주었습니다. 우선 **S** 아저씨는 모든 것을 그림으로 기억했습니다. 외워야 할 물건들이 적힌 목록이 있다면, 그는 그가 살았던 거리와 같은 친숙한 장소를 먼저 떠올렸습니다. 그는 그 거리에 ‘산책하러’ 가고, 현관문과 같이 익숙한 것을 지나칠 때마다 기억해야 하는 물건을 하나씩 ‘부착’했습니다. 그래서 오리와 빵 한 덩어리, 성경책 한 권을 기억할 필요가 있다면, 그는 현관문에 붙어있는 오리를 ‘보았을’ 것입니다. 다음 건물의 현관에서는 빵 한 덩어리, 거리 모퉁이에는 성경책을 볼 것입니다. 말하자면 그는 시모니데스처럼 자신만의 기억법을 발명한 것입니다!

그의 그림 체계는 숫자에도 적용되었습니다. 예를 들어, 2라는 숫자를 생각할 때, 그는 어두운 직사각형을 상상했습니다.

S 아저씨는 ‘보기 어려운 곳’에 물건을 집어넣을 때에는 기억을 잊기도 했습니다. 한 번은 ‘거위 알’을 ‘잃어’버렸는데, 그 흰색 알을 하얀색 벽 앞에 두어서 그가

'찾을 수 없었던 것'입니다. 또 그는 '구두'를 어두운 길모퉁이에 두어서 잊었지만, 그 거리에 가로등을 그려 넣어서 문제를 해결했습니다!

S 아저씨는 아기였을 때의 기억도 그대로 갖고 있었습니다. 그는 어머니가 아기 침대를 들여다보며 불러주었던 노래의 따뜻한 기억도 간직했습니다. 어린 시절, 그는 엄청난 상상력을 보유한 나머지 환상의 세상을 만들어내기도 했습니다. 때로는 아침에 일어났을 때 '아, 오늘은 학교에 가고 싶지 않아. 누군가 나대신 학교에 갔다고 상상해버려야지.'라고 생각했습니다. 상상을 또렷하게 그린 나머지 그는 정말로 누군가가 자기대신 학교에 갔을 것이라고 확신을 하고 다시 잠에 들었습니다. 아빠가 아직도 자고 있는 그를 발견하고 "학교도 안 가고 아직까지 잠만 자고 있어?"라고 소리치기 전까지는 말입니다.

S 아저씨는 어른이 되고 난 후 한 가지 직업에 정착하기가 어려워졌습니다. 결국 그는 그의 완벽한 기억력을 사용해 '암기왕'으로 전국 각지를 돌아다니면서 공연을 열었습니다. 그런데 **S** 아저씨는 점점 고민이 늘어났습니다. 도대체 외운 것들을 잊어버리기가 매우 어려웠다는 것입니다. 매번 공연이 끝나면 그는 지치고 혼란스러워했습니다. 마침내, 그는 거대한 백지로 기억하고 싶지 않은 모든 것들을 '덮어버림'으로써 기억했던 것들을 잊는 방법을 고안해냈습니다. 그가 그 물건들을 볼 수 없었고, 그것들은 그의 기억에서 사라졌답니다!

숫자 기억하기

방 배치 방법은 물건이나 사람의 얼굴과 같은 목록을 기억하는 데는 효과적이지만 숫자를 기억하는 데에는 좋은 방법이 아닙니다.

숫자를 기억하는 가장 좋은 방법 중 하나는 1825년 프랑스인 아이메 파리 Aimée Paris가 발명해냈습니다. 그는 뇌가 어떻게 작동하는지에 매우 관심이 많았습니다. 그의 연구에 따르면 많은 사람들은 숫자 기억하는 것을 어려워하고, 단어나 문장을 더욱 쉽게 기억한다는 것을 알게 되었습니다. 직접 시험해보세요.

실험

Experiment 2

숫자? 문장?

다음 숫자와 단어들 중 어떤 것이 더 기억하기 쉬운가요?

5 7 8 1 4 1 2 0

또는

'대충 팔고 나가래요'

6 3 8 9 2 1 4 5 3 2

또는

'밤새 파크를 거닐던 사람'

몇 초 동안 각 예시를 공부한 뒤, 자신을 시험해보세요. 아이메 파리처럼 여러분도 아마 문구가 그 숫자보다 훨씬 더 쉽게 기억된다는 것을 알았을 것입니다. 이것은 단어들에는 의미가 있기 때문입니다.

파리의 아이디어는 숫자를 말로 바꾸는 방법을 찾는 것이었습니다. 파리가 고안한 방법에 따르면 각 숫자를 특정한 알파벳으로 바꿔서 단어를 만들 수 있습니다. 우리는 알파벳 대신 한글 자음으로 배워보겠습니다. 잘 보면, 위의 예제도 바로 이렇게 바꾼 것입니다! 숫자 vs 글자 시스템을 사용하기에 앞서 먼저 각 숫자가 어떤 글자와 연결되는지 다음 목록을 통해서 확인해보세요.

기억하는 방법

1은 **ㄱ** 혹은 **ㄲ**	**ㄱ**이 첫 글자이니까 **1**
2는 **ㄹ**	**ㄹ**을 둥글게 쓰면 **2**가 된다
3은 **ㅅ**	**삼**이라고 읽을 때 **ㅅ**
4는 **ㄴ**	**ㄴ**을 그리고 세로선을 그으면 **4**를 쓸 수 있으니까
5는 **ㄷ**, **ㄸ**	**5**의 윗부분이 **ㄷ**처럼 생겼다
6은 **ㅂ**	**ㅂ**과 **6** 모두 구멍이 하나!
7은 **ㅊ** 혹은 **ㅈ**	**칠**이라고 읽을 때 **ㅊ**
8은 **ㅍ**	**팔**이라고 읽을 때 **ㅍ**
9는 **ㅋ**	**9**의 동그라미를 터트리면 **ㅋ**
0은 **ㅇ**	**모양**이 비슷하니까

* 한글로도 쓸 수 있게 고쳐보았어요. 그대로 사용해도 좋고, 자신만의 방법을 만들어서 사용해도 됩니다.

각 숫자와 대신할 자음을 (시각적으로) 잘 만들고, 잘 외워서 친구에게 테스트 해달라고 요청해보세요. 본능적(체득)이고 순발력 있게 기억할 때까지 반복하세요. 오래 걸리지 않을 겁니다. 그럼 끝난 겁니다.

이제 목록을 사용해서 숫자를 암기해보세요. 건물에 들어가기 위해 비밀번호 7104를 기억해야 한다고 가정하십시오. 먼저 숫자를 글자로 바꿉니다.

7104는 ㅈ ㄱ ㅇ ㄴ

이제 이 순서대로 자음을 포함하는 단어를 생각해보십시오. 가능한 경우 단어들(또는 단어)을 주제(비밀번호)와 연결하세요. 정확한 철자는 중요하지 않습니다. 예를 들어 다음과 같이 생각할 수 있습니다.

'잠 겨 있 네'

이건 기억하기 쉽겠죠? 자물쇠가 걸려서 열 수 없다는 것을 상상할 수 있습니다! 일단 단어를 외웠으면 사용 할 때마다 문자를 숫자로 다시 변경하세요.

ㅈ은 **7**, **ㄱ**은 **1**, **ㅇ**은 **0**, **ㄴ**은 **4**이다. 7104

이 변환을 위해 우리는 자음 초성들을 사용했습니다. 모음은 여러분이 마음껏 상상해서 단어를 만들어주면 됩니다.

'**ㅈㄱㅇㄴ**'를 기억하는 또 다른 방법은 다음과 같은 웃긴 문장을 만드는 거예요.

'조용한 고구마 영원히 내꺼'

이것은 너무 바보 같아서 여러분의 기억에 확실히 남을 거예요! 이 방법은 사용하면 숫자를 훨씬 쉽게 기억할 수 있습니다.

이 방법은 또한 유명한 날짜를 암기하는 데 도움이 됩니다. 예를 들어, 한글의 모태인 훈민정음은 1446년에 발간되었습니다.

1446은 ㄱ ㄴ ㄴ ㅂ입니다.

나랏말ᄊᆞ미 듕귁에 달아…로 시작하는 훈민정음을 읽어보신 적이 있나요?

'감사하게도 나랏말씀이 나왔으니 보시오!'

말이 안 되지만 기억하기엔 매우 쉽습니다!

Experiment 3 (실험)

연도 기억하기

숫자-단어 방법을 사용해서 다음의 중요한 연도들을 외워보세요. 맨 처음의 '1'은 대개 천 단위에 해당하므로 무시할 수 있습니다. 예시를 보기 전에 먼저 여러분만의 방법을 만들어보세요.

1452년에 문종을 이어 조선의 제6대 왕인 단종이 즉위했습니다.
1135년에 고려 승려인 묘청이 '묘청의 난'을 일으켰습니다.

예시

(1)–4–5–2 단종

놔둬라와 같이 ㄴ(4)-ㄷ(5)-ㄹ(2)로 만들 수 있는 단어를 생각해보세요. 단종은 어린 나이에 즉위했지만, 숙부인 수양대군에게 왕위를 빼앗겼고, 결국 죽임을 당했습니다. 수양대군에게 단종을 죽이지 말고 그냥 '놔두라'는 사육신들의 외침이 들리는 것 같지 않나요?

(1)–1–3–5 묘청

갑시다처럼 ㄱ(1)-ㅅ(3)-ㄷ(5)을 포함하는 단어를 생각해보세요. 묘청은 서경(지금의 평양)으로 수도를 옮기고 금나라를 무찌르자는 목적으로 '묘청의 난'을 일으켰습니다. 묘청은 아마 "서경으로 갑시다!"라고 말하지 않았을까요?

또 다른 예시:

'곧 사라질 대군'

묘청이 서경천도운동을 하기 위해 대군을 모으려 했지만, 1년 만에 김부식에게 패배하고 말았습니다. 곧 사라질 대군이겠지요!

이제 35쪽 실험 2의 숫자와 예문이 무엇이었는지 쉽게 알 수 있겠죠? 기억하기 쉬운 두 구절은 기억하기 어려운 숫자들과 실제로 동일합니다.

운율로 암기하기

실험
Experiment 4

아래 노래들의 공통점이 무엇일까요?

송알송알 싸리 잎에 은구슬
조롱조롱 거미줄에 옥구슬
대롱대롱 풀잎마다 총총
방긋 웃는 꽃잎마다 송송송

- 권오순 작

돌담에 속삭이는 햇살같이
뜰아래 웃음 짓는 샘물같이

- 김영랑 「돌담에 속삭이는 햇살같이」

* 각운(end rhyme, 脚韻)입니다. 영어로 라임이지요. 문장 끝에 **구슬, 총총, 송송송**이 반복되면서 리듬이 만들어집니다. 김영랑의 시도 **같이**가 반복되면서 운율이 생기고 외우기 쉬워지지요. 이렇게 끝말이 반복되는 것을 각운이라고 하며 각운은 운율을 만들어 기억법을 만드는 데 매우 중요한 요소가 됩니다.

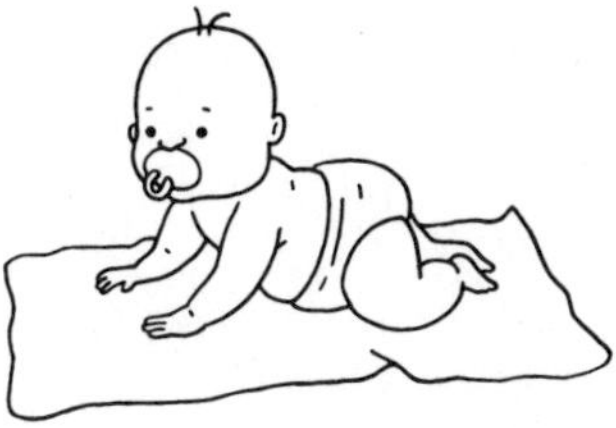

TV 광고에서 CM송은 소비자들에게 상품을 기억시키는 데 가장 강력한 힘을 발휘합니다. 글을 모르는 어린이들도 따라 부르게 하는 것이 바로 이 '각운'의 효과지요.

♬ 손이가요 손이가 새우깡에 손이가요 아이 손 어른 손 자꾸만 손이가
언제든지 새우깡 어디서나 맛있게 누구든지 즐겨요 농심새우깡

♬ 오른손으로 비비고 왼손으로 비비고 팔도비빔면~

몇 년 전 모 의약품 회사의 먹는 탈모제 광고가 인기가 있었습니다.

제품의 효능을 '먹으니까 사박사박 소복소복 수북수북'이라는 재미있는 노래 가사로 표현했습니다.

원래는 '사박사박 소복소복 소복소복 수북수북, 하늘에서 흰 꽃가루 떨어지네…' 이런 노래였죠.

외워야 할 문장이나 숫자를 단순하고 리듬감 있는 시로 만드는 것은 기억력 향상에 도움이 되는 좋은 방법 중 하나입니다. 많은 기억법들은 운율을 사용해 발명되었습니다. 오래된 금언 중 하나를 소개합니다.

鹽生於水 水近水亡(염생어수 수근어망)
人生於女 女近於亡(인생어녀 여근어망)
소금은 물에서 나왔으나 물을 가까이 하면 망하고
남자는 여자에서 나왔으나 여자를 가까이 하면 망한다.

패턴 찾기

패턴을 발견할 수 있다면 숫자와 모양을 기억하기가 훨씬 쉬워집니다. 여러분이 스파이이며 비밀번호가 걸린 컴퓨터 비밀코드를 전달받았다고 상상해보세요. 그 코드를 암기할 수 있을까요?

비밀코드 : 1 1 1 5 1 9 2 3 2 7 3 1 3 5

패턴을 발견 할 수 없다면 외우기가 매우 어렵습니다. 여러분은 패턴을 찾을 수 있나요? 아래에 적힌 답변을 보기 전에 먼저 생각해보세요. 코드는 이렇게 적을 수 있습니다.

11 15 19 23 27 31 35

이제 패턴을 발견했나요? 11부터 4씩 증가하는 일련의 숫자들입니다. 이 규칙을 발견했다면 비밀코드를 기억하기 쉬워지겠지요. (암호 원리는 일종의 패턴입니다.)

여기 또 다른 까다로운 문제가 있습니다. 이 아홉 개의 기호를 보십시오. 얼마나 빨리 암기할 수 있습니까?

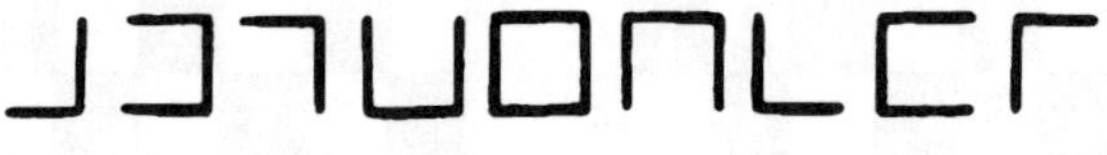

어려운 문제였나요? 이 기호를 순식간에 암기하는 방법이 있습니다. 먼저, 우물 정자(井)를 그려봅시다.

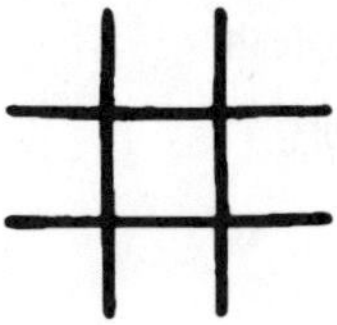

이제 왼쪽 위에서 시작해서 각 열을 살펴보세요. 익숙한 기호들이 보이나요? 아홉 개의 기호를 각각 기억하지 않고, 우물정자 하나만 외워두면 됩니다.

때로는 전문가들만 발견할 수 있는 패턴도 있습니다. 아래 두 체스 판 모양을 보세요. 어느 쪽이 더 기억하기 쉬운가요?

똑같이 어렵다고 느낄 수도 있습니다. 그러나 프로 체스 기사들에겐 쉬운 문제입니다. 왼쪽 체스 판은 실제 체스 경기에서 나올 수 있는 모습이며, 오른쪽 체스 판은 제대로 된 체스 게임에서는 절대 발생할 수 없기 때문입니다. (이 경우는 체스 경험자에게만 해당될 듯합니다.)

이런 체스게임, 믿거나 말거나!

체스 기사들은 놀라운 기억을 가지고 있습니다. 미국 체스 기사인 바비 피셔Bobby Fischer는 그의 체스 영웅 중 한 사람인 알레힌Alexander Alekhine이 한 모든 경기의 기보를 암기했습니다.

1960년에 헝가리의 체스 기사 야노슈 플레쉬Janos Flesch는 동시에 52명과 체스 게임을 했습니다. 그것도 눈을 가린 채로 말입니다. 체스 판을 볼 수 없었던 그는 52개 체스 판 속 말들의 위치를 각각 머릿속에 그려야 했습니다. 과거 소련에서는 체스 기사들이 이렇게 동시 게임 하는 것을 금지시켰습니다. 이러한 게임은 엄청난 긴장을 요구했기 때문이랍니다.

감각 사용하기

모든 사람들이 같은 방식으로 생각하거나 암기하지 않습니다. 어떤 사람들은 단어를 기억하기 위해 그 단어가 어떤 소리를 내는지 스스로 단어를 발음하면서 익힙니다. 또 어떤 사람들은 시각에 의지하기도 하고, 촉각이 우선인 사람도 있습니다. 아래의 아침식사 실험을 통해 이 과정을 직접 실험해보세요.

실험
Experiment 5

아침에 뭐 먹었니?

오늘 아침에 먹은 아침식사를 떠올려보세요. 큰 목소리로, 가능하면 정확하게 말해보세요. 원한다면 눈을 감고해도 좋습니다. 다음 쪽을 읽기 전에 해보세요.

이제, 다음 질문에 답해보세요. (아마 몇몇 질문에는 '아니오'라고 대답 할 거예요).

Q&A

아침식사 반찬 이미지가 기억나나요?	YES/NO
아침식사를 떠올릴 때 어떤 소리가 생각났나요?	YES/NO
아침식사가 어땠는지, 바삭바삭함이나 혀에 닿는 감촉을 기억하십니까?	YES/NO
아침식사 음식 냄새가 어땠는지 기억하나요?	YES/NO
아침식사를 하면서 어떤 다른 행동을 했나요?	YES/NO
시각, 촉각, 청각, 후각 중 어느 것을 제일 먼저 떠올렸나요?	YES/NO

아마 첫 번째 질문에는 '예'라고 답했을 겁니다. 왜냐하면 가장 일반적인 기억 방법은 이미지를 통한 것이기 때문입니다. 그러나 일부 사람들은 주로 소리를 통해 기억하고, 다른 사람들은 촉각과 감각을 통해 기억합니다. 가장 좋은 기억력을 가진 사람들은 아마도 모든 감각을 결합할 것입니다!

혹시 어떤 방에 들어갔다가 가구 냄새를 맡고 무언가 추억을 떠올린 적 있나요?

'와, 할머니 집이 생각난다.' 또는 '이건 우리가 예전 그 오래된 호텔에 머물렀던 때를 기억나게 한다.'라는 식으로 말이지요.

사람들은 대개 마음속의 그림을 그려 기억을 떠올리지만, 기억과 가장 밀접한 관계가 있는 감각은 후각입니다. 이것은 후각 센서가 뇌에 연결되는 위치가 기억을 수집하는 곳과 매우 가까이 있기 때문입니다.

과학자들은 심지어 후각이 시험을 잘 치는 데 도움이 될 수 있음을 발견했습니다! 그들은 특정한 냄새가 나는 교실에서 공부한 어린이들을 대상으로 실험을 했습니다. 그런 다음 동일한 냄새가 나는 고사장에서 시험을 치르도록 했습니다. 냄새가 나는 교실에서 공부한 아이들이 아무 냄새도 나지 않는 교실에서 공부한 아이들에 비해 더 나은 결과를 보였습니다. 익숙한 향기가 시험에 합격하는 데 도움이 될 것이라고 생각하나요? 냄새 기술을 직접 사용하기 전에 선생님에게 먼저 물어보세요!

쥐 아저씨 이야기

유명한 심리학자인 프로이트Sigmund Freud는 쥐를 무서워하는 쥐 아저씨라는 환자를 돌보았습니다. 쥐 아저씨는 그가 아는 사람들을 냄새만 가지고도 구분할 수 있었습니다. 많은 사람들은 이것이 어떻게 가능한지 이해할 수 있을 겁니다. 예를 들어, 향수 제조사들은 후각을 잘 발달시켜 수백 가지 냄새를 구별 할 수 있고, 어머니들은 냄새만으로 자기 아이들의 티셔츠가 어느 것인지 찾아낼 수 있다고 합니다.

사진 기억

사진 찍듯 기억하는, '사진 기억'이라는 매우 희귀하고 신비한 기억의 소유자들이 있습니다. 캠 젠슨Cam Jansen이라는 소녀가 '찰칵' 소리를 내면서 정보를 암기하는 장면이 등장하는 소설 시리즈도 있고, 눈을 깜빡하며 카메라의 찰칵 소리를 내서 기밀문서를 암기하는 스파이가 등장하는 「캐리 온 스파이」Carry On Spying, 1964라는 영화도 있습니다.

정말로 이런 일이 가능할까요? 실제로 사진 기억을 가진 사람은 정보를 기억할 때 '찰칵' 소리를 내진 않더라도 '보는 즉시 사진을 찍듯이' 엄청난 양의 정보를 정확하게 습득할 수 있다고 합니다. 또 아이들은 보통 어른들보다 이런 사진 기억에 더 능숙하다고 합니다. '사진 기억'을 다른 말로 표현한다면 아마 '뛰어난 시각적 기억'이 되겠네요.

실제 스파이들은 서류를 들고 다니는 것은 위험하기 때문에 머릿속에 정보를 저장하는 훈련을 받는다고 합니다.

제2차 세계대전 당시 러시아 스파이 리처드 쇼지Richard Sorge는 일본의 언론인으로 위장했습니다. 그동안 그는 비밀리에 정보를 러시아에 보내곤 했습니다. 그는 신속하게 문서와 내용을 암기한 다음 (서류를 먹음으로써) 증거를 없앴습니다.

많은 미술가들은 훌륭한 시각적 기억을 갖고 있습니다. 19세기 영국의 유명한 풍경화가 윌리엄 터너J. M. W. Turner는 종종 낚시를 하러 가서 그림을 위한 아이디어와 영감을 받아왔습니다. 그는 작업실로 돌아가서 그의 뛰어난 기억력에 의존해 사진보다 더 생생하게 낚시터 그림을 완성했습니다.

여러분도 그림이나 사진에 대해 훌륭한 시각적 기억을 가지고 있을 가능성이 높습니다. 어느 한 실험에서는, 사람들에게 2,500장의 사진을 각각 몇 초씩만 보여주었습니다. 그러고서 다른 280장의 사진을 보여주며 그들이 앞서 본 사진들이 있는지 골라내게 했습니다. 놀랍게도, 사람들의 평균 기억 점수는 280점 중에 250점이었습니다. 각 사진을 1초씩만 보여주었을 때에도, 대부분의 사람들은 이전에 보았던 사진을 거의 기억하고 있었습니다.

사람들의 얼굴을 기억하는 능력은 더욱 놀라운 것입니다. 일반적으로 사람들은 최대 10,000명의 각기 다른 사람의 얼굴을 인식할 수 있다고 하네요!

사진기억을 가진 위험한 죄수

1998년에 영국의 한 젊은 죄수는 불과 몇 초 만에 감방을 잠근 열쇠의 정확한 크기와 모양을 외웠습니다. 그는 플라스틱 거울을 잘라서 열쇠의 사본을 만들었습니다! 그 열쇠를 발견한 뒤 교도관들은 교도소의 모든 자물쇠를 교체해야 했습니다. 또, 다시는 이 죄수가 새로운 열쇠의 모양을 엿볼 수 없도록 신경 써야 했습니다.

음악 기억

라디오나 CD를 듣고 난 뒤에 혼자 흥얼거린 적이 있다면 여러분에게도 음악 기억력이 있다는 뜻입니다. 여러분의 뇌에 들어오는 많은 기억들 중에서도 음악 기억은 제일 오래 머뭅니다. 어쩌면 이것이 바로 여러 광고에서 배경음악을 꼭 사용하는 이유일지도 모릅니다. 히치콕Alfred Hitchcock의 영화 「사라진 여인」The Lady Vanishes에서는 스파이가 멜로디 형태로 메시지를 전달합니다. 그러려면 사진 기억과는 차원이 다른 기억력이 필요합니다!

많은 사람들에게서 이런 놀라운 음악적 기억력을 발견합니다. 위대한 작곡가 모차르트는 14세 때 처음으로 「미제레레」Miserere, 자비를 베푸소서를 들었습니다. 그 곡은 특정 합창단을 위해 작곡되었으며 한 번도 악보로 옮겨진 적이 없었습니다. 그러나 한 번만 듣고도 모차르트는 그 곡을 완벽하게 재현할 수 있었습니다.

치매 환자들은 모든 기억을 차례차례 잃게 됩니다. 여기에는 사랑하는 가족들의 이름도 예외가 아닙니다. 그런 치매 환자들이 종종 제일 마지막까지 기억하는 것은 어렸을 때 배웠던 노래나 멜로디입니다. 이러한 사실은 음악 기억이 얼마나 강력한지를 보여줍니다.

얼마나 연습했으면 자면서도 하겠나!

믿기 어려운 피아노 콘서트에 대한 실화가 전해집니다. 어떤 피아니스트가 그만 연주 도중에 잠이 들었습니다. 그러나 이 피아니스트는 놀랍게도 잠을 자면서도 깨어날 때까지 곡을 끝까지 완벽하게 연주했다고 합니다. 많은 피아니스트들이 그들의 기억 중 일부가 손가락 끝에 저장되는 것 같다고 말합니다.

기억해내기

모든 기억이 필요할 때 돌아오는 것은 아닙니다. 잊었던 기억들이 갑작스럽고 예기치 않게 생각나기도 합니다. 이런 기억들은 보통 물건이나 냄새, 그림과 같은 다른 것에 의해 번뜩 살아납니다.

실제로, 어떤 기억은 그 기억과 연결된 것이 존재할 때만 되돌아옵니다. 철학자 로크John Locke는 자신의 가방이 방 안에 있을 때만 춤을 출 수 있는 어떤 남자에 대해 썼습니다. 그 이유는 그 남자가 그 가방이 있는 방에서 춤을 배웠기 때문이고, 그 가방이 없는 방에서는 춤을 기억하지 못하는 것 같다고 썼습니다.
장소는 여러분의 기억력에 큰 영향을 줄 수 있습니다. 여러분의 방에서 단어시험

을 위해 단어를 외우면 그 단어들을 가장 잘 기억할 수 있는 곳은 바로 여러분의 방입니다. 따라서 시험을 볼 때 익숙한 물건을 가져가면 기억이 촉진될 가능성이 높아집니다.

장소와 학습능력 간의 연결에 대해 연구한 매우 독특한 실험도 있습니다.

여섯 명의 스쿠버다이버들에게 각각 40개의 단어가 적힌 목록을 외우게 했습니다. 그들은 해변에서 20단어, 물속에서 20단어를 외웠습니다. 그런 다음 한 번은 육지에서, 한번은 바다 속에서 시험을 보았습니다. 놀랍게도, 물속에서 외웠던 단어는 육지에서보다 물속에서 더 잘 되살아났고, 땅에서 외웠던 단어는 땅에서 더 잘 기억되었습니다.

때로는 잘 알았던 것인데 생각나지 않을 때가 있습니다. 질문을 받았을 때 “아 알고 있었는데, 기억날 듯한데…”라든지 “알려주지 마, 나 지금 거의 생각났어.”라고 말하게 될 때가 있죠.

이런 일이 발생할 때, 매우 사소한 힌트가 여러분이 필요한 것을 기억하는 데에 도움을 줄 수 있습니다.

실험
Experiment 6

자음 힌트

다음 질문에 답해보세요. 정답이 바로 생각나지 않는 경우 질문 뒤에 있는 자음이 여러분의 기억을 촉진시킬 수 있는지 확인해보세요.

1	세계에서 가장 긴 강의 이름은 무엇입니까?	ㄴ
2	미국의 초대 대통령의 성은 무엇입니까?	ㅇ
3	임진왜란 때 조선의 왕은 누구였나요?	ㅅ
4	에베레스트 산은 어떤 산맥에 있는 산일까요?	ㅎ
5	매우 큰 배가 나오는 할리우드 히트작의 제목은?	ㅌ
6	팔만대장경의 주재료로 쓰인 나무에서 피는 봄꽃은?	ㅂ
7	이영애 주연, 조선시대 궁궐을 배경으로 한 드라마는?	ㄷ
8	공룡이 등장한 중생대의 두 번째 시기의 명칭은?	ㅈ
9	300여 년 전에 멸종한 날지 못하는 새의 이름은?	ㄷ
10	우리나라에 어린이날을 만든 사람은 누구인가요?	ㅂ

자음 힌트가 정답을 맞히는 데 도움이 되었나요? 오랜 친구의 이름이 생각나지 않는다면, 꼭 찾고 싶은 이름이라면 누구나 자음을 ㄱ부터 하나씩 상기해보곤 합니다. 친구의 성씨를 떠올리면 여러분의 뇌가 나머지 이름을 찾아내는 경우가 생기거든요.

모든 기억이 뇌에 저장되는 것은 아닙니다. 대부분의 사람들은 가족이나 친구들, 특별한 날을 간직하기 위해 사진 앨범이나 동영상을 남겨둡니다. 또 어떤 사람들은 일기를 쓰고, 거의 모든 사람들은 여행을 다녀올 때 기념품을 가져옵니다. 이러한 물건들은 마치 여러분의 뇌의 연장선처럼 기억의 일부가 됩니다.

퀴즈 정답

1. 나일강 2. 워싱턴 3. 선조 4. 히말라야 5. 타이타닉

6. 벚꽃 7. 대장금 8. 쥐라기 9. 도도새 10. 방정환

27 MAY

여러분의 방에는 얼마나 많은 추억들이 있나요?

여러분의 방을 둘러보세요. 방에 있는 물건들 중 얼마나 많은 물건들이 기억과 관련이 되어 있나요? 사진이나 티셔츠, 티켓처럼 놀러갔던 추억을 간직한 물건들이 몇 개는 있을 겁니다. 기념품Souvenir은 **기억하고 생각하다**라는 뜻을 가진 한자 **記念**나 라틴어 **memento**로 이루어진 단어입니다.

나만의 기억술mnemonics 발명하기!

정보를 기억하는 가장 좋은 방법은 기억술을 활용하는 것입니다. 기억술이란 그리스 기억의 여신 므네모시네의 이름을 딴 단어입니다. 기억술은 운율이나 패턴처럼 기억하는 데 도움을 줄 수 있는 특별한 방식을 의미합니다.

예를 들면 세계에서 가장 긴 강 7개의 이름을 외우고 싶다고 해봅시다.

1 나일강(Nile)

2 아마존강(Amazon)

3 미시시피강(Mississippi)

4 양쯔강(Yangtze)

5 예니세이강(Yenisey)

6 황하(Yellow)

7 오브강(Ob)

이 강들의 이니셜은 : **N A M Y Y Y O**

이니셜을 거꾸로 써보면: **O Y Y Y M A N**

이것은 'Oh Three Wise Man'이 될 수도 있고, 심지어 'Oh Why Why Why My Amazing Nose?'가 될 수도 있습니다.

자 이제 여러분의 차례입니다. 크고 차가운 행성인 목성의 가장 큰 네 개의 달 이름을 외울 수 있는 기억술을 만들어보세요. 이 달들의 이름은 가니메데 Ganymede, 이오Io, 칼리스토Callisto, 유로파Europa입니다.

여기에 적어보세요 :

생각이 나지 않는다면 맨 아래쪽을 확인해보세요.

의대생은 인체에 관해 엄청난 것들을 배우고 공부해야 합니다. 그 많은 것들을 억지로라도 기억하기 위해 세상의 의대생들은 엉뚱한 기억술을 많이 창조해냅니다. 의료용 기억술은 기억하기 쉽게 만들기 위해 우스운 말들이 많습니다. 예를 들어, 한국의 의대생들이 정형외과 시험 볼 때 '손가락이 잘렸을 때 꼭 보전해야 하는 것들의 중요도 순서'인 **Skin**피부, **Nerve**신경, **Bone**뼈, **Joint**관절, **Tendeon**인대을 외울 때 앞 글자 **S N B J T**를 **스님바지통** 혹은 **수녀바지털** 등으로 외운답니다. 의대생들이 도서관에서 '스님바지통, 스님바지통' 웅얼거리는 모습을 상상해보십시오!

환상적인 기억력 소유자

바돌로메 파커 비더 씨는 대형 보험회사의 고객 기록 부서에서 근무했습니다. 어느 날 거대한 불이 건물을 휩쓸었고, 대부분의 자료가 불타버렸습니다. 엄청난 재앙이 될 뻔했지만, 바돌로메 씨는 놀랍게도 모든 서류를 기억해내 재구성할 수 있었습니다! 이 놀라운 일을 하는 데 6개월이 걸렸다고 합니다.

퀴즈 정답 'Gee, ICE'

기억력 게임

대부분의 과학자들은 뇌도 신체의 나머지 부분과 마찬가지로 운동과 훈련을 통해 건강을 유지하고 능력을 향상시킬 수 있다고 말합니다. 두뇌 운동을 하는 좋은 방법은 기억력 게임을 하는 겁니다. 여기에 친구들과 함께 할 수 있는 네 가지 게임이 있습니다.

Kim's 게임

쟁반 위에 약 20개의 서로 다른 물체를 배치합니다. 쟁반을 천으로 덮기 전에 2분 동안 어떤 물건들이 있는지 기억해야 합니다. 물건을 덮은 다음 1분간 종이에 기억나는 물건들을 모두 적습니다. 가장 많은 물건을 기억하는 사람이 승자입니다. (방 배치 방법을 활용하면 이길 확률이 증가합니다.)

* kim은 《정글북》의 저자 키플링의 노벨문학상 수상작품 《Kim》의 주인공 소년의 이름. 소년은 스파이 훈련 과정에서 관찰력과 기억력을 기르기 위해 보석의 수나 특징을 암기했다.

중국 귓속말 게임

승패를 가리는 게임은 아니지만 재미있는 놀이입니다. 모두 원을 그리고 앉은 후, 첫 번째 사람이 문장을 하나 생각합니다. '클레어의 고모에게는 샴 고양이가 세 마리 있습니다.'와 같은 문장 말입니다. 첫 번째 사람은 이 문장을 옆 사람에게 귓속말로 전하고, 두 번째 사람은 그 다음 사람에게 전달합니다. 이런 식으로 마지막 사람까지 문장이 전달되면 마지막 사람은 큰 소리로 문장을 말합니다. 대개 마지막 사람이 말한 문장은 처음의 문장과 매우 다르게 변해버려 장내는 웃음바다가 됩니다. 앞에 클레어 고모에 대한 문장이 '다섯 번 기회를 놓치고 난 멍청이군!'으

로 전달되기도 했습니다.

영국 장군이 본부에 긴급한 메시지를 보낸 유명한 이야기가 있습니다. 그는 "우리가 전진할 테니 증원군을 보내주십시오.(Send reinforcements, we're going to advance)"라고 전했는데, 이 메시지가 여러 사람을 거치며 'reinforcements'의 발음 부작용으로 "우리는 춤을 출 테니 3실링과 4펜스를 보내십시오.(Send three and four pence, we're going to a dance)"로 전달되었습니다. 결국 장군은 엉뚱하게 3실링과 4펜스를 전달 받았습니다!

내가 휴가를 갔을 때

이 게임은 5명에서 10명 정도가 함께 하기에 좋은 게임입니다. 모두 원을 그리고 앉은 후 첫 사람이 "내가 휴가를 갔을 때 나는 (예를 들자면) 선글라스를 가져갔어."라고 시작합니다. 그러면 옆의 사람은 "내가 휴가를 갔을 때 나는 선글라스랑 카메라를 가져갔어."라고 말합니다. 다음과 다음 사람들은 지금까지 나온 모든 물건을 암송하고 새로운 물건을 하나씩 추가해야 합니다. 틀린 사람은 원에서 빠지고 게임을 이어나갑니다. 사람들이 빠져나갈수록 이 게임은 점점 어려워지는데, 남아있는 사람들은 자신도 모르는 사이에 사람들의 얼굴과 물건을 연결 지어 기억했기 때문입니다. 그래서 사람들이 빠지면서 물건을 기억하기 더욱 어려워지는 것이지요. 게임의 승자는 마지막까지 원에 남아있는 사람입니다.

카드 짝짓기 게임

이 게임은 두 명 이상만 있어도 가능하며 많은 카드를 수집하는 사람이 이기는 게임입니다. 트럼프 카드를 잘 섞은 다음 숫자 있는 면을 아래로 하여 테이블이나 바닥에 펼칩니다. 섞은 사람이 먼저 두 장의 카드를 뒤집어 보이면서 게임은 시작됩니다. 두 카드가 만약 같은 숫자이거나 같은 무늬라면 해당 두 카드는 본인이 가져갑니다. 아니라면 같은 위치에 도로 카드를 뒤집어놓고 기회는 다음 사람에게 넘어갑니다. 가장 많은 카드를 모은 사람이 승리하는 아주 오래되고 단순하지만 재미있는 게임입니다.

더 많은 기억 팁

처음으로 완전한 영영사전을 만든 존슨 박사Dr Johnson는 “기억의 진정한 기술은 집중의 미학이다.”라고 말했습니다. 마음을 제대로 집중하지 않으면 아무것도 제대로 기억할 수 없을 것이라는 말이지요. 다음 실험을 통해 이 문장을 확인할 수 있습니다.

실험

Experiment 7

텔레비전?

TV를 켜고 여러분이 관심 있는 채널로 돌려둔 채로 2분 동안 다음 리스트의 단어들을 외워보세요.

상자
기중기
자동차
돼지
문
선반
폴 매카트니
비옷
말벌
나무

TV에 집중하면서 열 개의 단어를 모두 외울 수 있나요? 여러분 스스로를 시험해 보세요. 그런 다음에는 TV를 끄고 10개의 단어를 외워보세요. 더 쉬웠나요? 당연한 이야기지만 대부분의 사람들은 집중할 수 있을 때보다 다른 곳에 정신이 팔렸을 때 자신의 수행 능력이 훨씬 떨어지는 것을 발견합니다.

집중하거나 관심을 기울이는 것은 많은 노력을 필요로 합니다. 어떤 선생님들은 학생들의 집중을 도와주기 위해 흥미로운 방법을 사용합니다. 선생님이 질문을 할 때 답을 해야 하는 학생에게 공을 던지는 겁니다. 이 방법을 활용하면 정답률이 올라가는데, 공을 받는 행동을 통해 마음이 편안해지고 기억을 해방시킬 수 있기 때문입니다. 어떻게 생각하시나요? 친구들과 이 방법을 활용해보거나 선생님에게 제안해보세요!

어떤 사람들은 단어 기억하는 것을 어려워합니다. 46쪽에 나온 아침식사 실험을 생각해보세요. 여러분도 이미지, 소리 또는 감각을 통해 더 잘 기억한다는 점을 깨달았을 겁니다. 이미지가 제일 잘 통할 경우, 여러분이 기억해야 하는 내용을 다이어그램으로 그려 학습능력을 향상시킬 수 있습니다. 소리를 더 잘 기억한다면, 단어들을 큰 소리로 읽거나 과장해서, 심지어는 음향 효과를 내가며 기억해보세요. 감각을 제일 잘 기억한다면, 단어를 외우면서 움직이거나 외워야 할 단어들의 질감을 상상해보세요.

배우가 되기 위해서는 기억력이 좋아야 합니다. 역할에 따라 배우들은 50쪽 분량의 대사를 외워야 하기 때문이죠. 어떻게 그러냐고요? 배우들은 대본 전체를 한 번에 외우려고 하는 대신, 짧은 시간에 단 두세 쪽만 완벽하게 외우는 것을 반복한다고 합니다. 그들은 대본의 짧은 단락을 확실히 외운 후, 다음 단락을 암기하기 전에 잠시 쉬는 시간에 갖습니다.

여러분도 기억해야 하는 내용이 많다면, 내용을 나누어서 암기해보세요. 사흘 동안 하루에 한 시간씩 암기를 하는 것이 한 번에 세 시간 동안 암기를 하는 것보다 더 공부에 도움이 될 겁니다.

여러분의 기억력을 향상시킬 마지막 팁! 때로는 생각나지 않는 것을 억지로 기억하려 할수록 기억하기 어려워집니다. 정말 기억이 나지 않는다면 다음과 같이 스스로에게 말해보세요.

"방금 지우개를 어디에 놓았지?
곧 생각 날거야!"

그런 다음 다른 일을 하고 있으면 어느 순간 필요한 기억이 머릿속에 번뜩 나타날 것입니다.

실험

Experiment 8

보기와 관찰하기

70쪽에는 시계 그림이 있습니다. 그림을 보고 다시 돌아오세요.

지금 하세요!

시계에서 4시가 어떻게 표기되어 있었는지 기억하나요?

여기에 적어보세요 :

아마 여러분은 시계의 숫자가 로마자로 표기되어 있었다는 것은 기억할 겁니다. 그렇다면 4시의 로마자 표기가 아래와 같다고 생각했나요?

IV

다시 뒤쪽의 시계를 본다면, 4가 IIII로 표시되어 있다는 사실을 확인할 수 있을 거예요. 여러분이 로마자로 표시된 어느 시계를 보든, 4시는 IIII로 표기되어 있을 겁니다. 그런데도 여러분은 이 사실을 처음 알았을 수 있습니다. 우리는 우리가 보고 싶은 것을 보지, 있는 그대로 사물을 보지 않기 때문입니다. 이것이 보는 것과 관찰하는 것의 차이입니다. 관찰하기란 사물을 있는 그대로 보는 것입니다!

파이-기억

놀라운 기억 묘기 중 어떤 것들은 기네스북에 오르기 위한 용도를 제외하고는 완전히 쓸모없는 묘기입니다. 2006년에 도쿄에서 아키라 하라구치 씨는 파이(3.141592로 시작하는 무리수)의 소수점 10만 자리까지 암기했습니다. 암송하는 데에만 몇 시간이 걸렸다고 합니다. 이 일이 얼마나 놀라운 일인지 보여주기 위해 여기서 첫 100자리까지만 보여드리겠습니다.

START! 3.1415926535589

초능력적인 기억

이제 여러분은 기억력을 향상시키는 데 활용할 수 있는 많은 방법을 배웠습니다. 어떤 사람들은 초능력적인 기억력을 갖기 위해 이러한 방법을 활용하기도 합니다. 매해 세계 기억력 챔피언대회가 열리는데, 이 대회에서 사람들은 다음과 같은 종목에서 겨룹니다.

Memorising 섞여있는 트럼프 카드의 순서 **외우기**

Learning 엄청 긴 숫자 **배우기**

Remembering 수백 명의 이름과 얼굴 **기억하기**

대회의 우승자들은 여러분이 이 책에서 배운 방법과 매우 유사한 방법들을 사용합니다. 어떤 사람들은 이야기 만들기 방법을 사용하고, 또 다른 사람들은 방 배치 방법을 사용하거나 숫자로 바꾸는 방법을 씁니다. 이들이 사용하는 방법은 어떤 내용을 기억해야 하느냐에 따라 달라집니다. 이제 여러분도 이 비밀을 알게 되었으니 연습만하면 초능력적인 기억을 가질 수 있을까요?

26433832795028841971693993751058209749445923078164062862089986280348253421170 67…

PART 2

머리속 기억의 작동 방식

기억이 얼마나 중요한 것인지 궁금해 한 적이 있나요? 여러분에게 기억이 없다면, 항상 모든 것을 처음 경험하고 있다고 생각할 것입니다. 거울에 비친 자신의 모습이 누구인지 궁금해 하고 여러분의 이름이 무엇인지도 알지 못할 겁니다. 뿐만 아니라 여러분이 거울을 쳐다보는 동안 여러분은 서 있는 방법을 까먹었기 때문에 넘어질 것입니다! 호흡과 같은 본능적인 행동 외에는 아무것도 하지 못할 겁니다.

기억에 관한 한 가지 놀라운 것은 여러분이 아무 것도 하지 않아도 알아서 잘 작동한다는 점입니다. 그리고 우리는 이미 우리의 뇌가 엄청난 양의 정보를 기억할 수 있다는 것을 배웠습니다. 오늘날 우리는 그 어느 때보다 많은 정보를 접하기 때문에 이것은 좋은 일이지요. 어떤 과학자들에 의하면, 오늘날의 일간지 한 부에 담긴 정보가 고대에 살았던 사람이 일생에 걸쳐 접한 정보보다 많다고 합니다. 그런데도 우리의 기억력은 잘 적응하고 있습니다.

그렇다면 여러분의 뇌는 어떻게 이런 일들을 하는 것일까요? 2부에서는 과학자들이 뇌가 어떻게 기억을 하는지에 대해 밝힌 내용들을 살펴보도록 할 거예요. 과학자들이 했던 실험과 비슷한 실험들도 있으니 여러분이 직접 뇌가 어떻게 작용하는지 발견해보세요. 여러분이 한 실험과 전문가들의 결과가 일치할까요?

인간의 뇌에 대해 알아보기 전에 알아봐야 할 내용은….

컴퓨터와 두뇌

컴퓨터는 어떻게 작동하나요?

인간의 기억이 어떻게 작동하는지 연구할 수 있는 한 가지 방법은 뇌를 컴퓨터와 비교해보는 거지요.

먼저 컴퓨터에 정보가 **입력**됩니다.
그런 다음 정보를 어딘가에 **저장**해야 합니다.
마지막으로 이 정보를 가능한 빨리 **검색**할 수 있어야 합니다.

이 세 단계는 컴퓨터와 인간의 뇌 모두에서 일어납니다. 컴퓨터의 기억과 인간의 기억은 공통점이 많아요. 인간의 두뇌와 마찬가지로 컴퓨터도 다음을 수행 할 수 있습니다.

- 정보 저장
- 계산하기
- 암호 인식
- 맞춤법 검사
- 오래 전에 저장된 정보 검색

그러나 우리가 곧 알아볼 내용처럼, 인간의 뇌는 컴퓨터와 많이 다릅니다. 하지만 우선….

컴퓨터는 어떻게 기억할까요?

'판다들은 중국에 산다.'와 같이 여러분이 기억하고 싶은 정보를 들었다고 가정해보세요. 이 정보를 잊지 않고 그리고 다시 찾기 위해서 여러분들은 예를 들면 공책의 24쪽을 펼쳐서 '판다들은 중국에서 온 것'이라고 쓸 거예요.

컴퓨터에 정보를 저장하는 것은 공책에 기록하는 것과 같습니다. 단, 컴퓨터는 정보를 단어로 저장하지 않고 숫자로만 저장합니다. 모든 숫자는 0 또는 1로 이루어져 있습니다. 컴퓨터는 '판다들은 중국에서 온 것'이라는 정보를 (2진법으로) 다음과 같이 저장합니다.

0000100101011001100111010010111000
1011010101001101010010111001

이 숫자 배열은 컴퓨터가 다시 찾을 수 있는 위치에 정확히 저장되고, 각 1과 0은 미세한 양의 정전기로 저장됩니다.

컴퓨터가 저장할 수 있는 정보의 양은 기술이 발전함에 따라 2년마다 두 배가 되었습니다. 사람들은 컴퓨터에 대해 킬로바이트 단위의 정보를 저장하는 것으로 이야기했습니다. 그러나 이내 메가바이트와 기가바이트 단위가 되었고, 이제는 기가바이트의 1000배인 테라바이트 시대로 접어들었습니다. 엄청난 발전이지요!

세계에서 가장 큰 컴퓨터들은 계속해서 강력해지고 있습니다. 오늘날 강력한 컴퓨터들은 1초당 100,000,000,000,000건 이상의 계산을 수행 할 수 있습니다. (이는 100조에 달합니다.) 어떤 이들은 이 속도가 인간 두뇌가 작동할 수 있는 속도에 매우 근접하다고 말합니다.

컴퓨터에 저장된 각 1 또는 0을 '비트'라고 합니다. 8개의 비트를 '바이트'라고 합니다.

1950년대까지 인간은 여전히 컴퓨터와 계산 경쟁을 할 수 있었습니다. 1990년대에도 인간 체스 선수가 체스게임에서 최고의 컴퓨터들을 이겼지만 더 이상은 이길 수 없죠!
2016년엔 컴퓨터가 바둑도 이겼죠.

메모리를 가진 최초의 컴퓨터는 1936년 독일의 콘라트 추제Konrad Zuse에 의해 만들어졌습니다.

컴퓨터들은 어디에 정보를 저장하나요?

컴퓨터는 네 곳에 정보를 저장할 수 있습니다.

ROM(읽기 전용 기억장치)

일부 내장형 컴퓨터 칩에는 게임을 실행하거나 파일을 찾는 방법을 컴퓨터에게 알려주는 프로그램이 있습니다.

이런 프로그램들은 영구적이며 컴퓨터를 분해하지 않으면 제거할 수 없습니다. ROM은 신생아의 뇌에 내장된 기억과 같은 것으로, 숨을 쉬거나 젖을 빠는 방법처럼 중요한 정보를 알려줍니다. 이런 정보는 배우지 않고도 아는 '본능'입니다.

하드 드라이브, 외장 드라이브

하드 드라이브는 우리가 저장한 모든 게임, 프로그램이나 데이터를 저장하는 컴퓨터의 부품입니다. 이러한 기억은 컴퓨터를 끄더라도 잊히지 않고 영구적으로 저장됩니다. 사람들이 점점 더 많은 음악과 사진을 저장하기 위해 컴퓨터를 사용하므로, 이제는 외장하드 드라이브를 사서 컴퓨터의 기억력을 증가시킬 수 있습니다. 하드 드라이브는 두뇌의 피질과 같은 역할을 합니다. (피질은 커다란 호두처럼 생긴, 두뇌의 쭈글쭈글한 겉 표면입니다.) 과학자들은 우리가 배우는 모든 정보를 피질에 저장한다고 생각합니다. 많은 정보가 사용되지 않은 채 그저 필요할 때마다 다운로드 되기를 기다리고 있습니다.

CD, DVD 및 메모리 스틱

컴퓨터의 모든 기억이 본체 안에 저장되는 것은 아닙니다. 우리는 정보를 CD, DVD 또는 메모리 스틱에 저장해서 다른 곳에 옮길 수 있습니다. 이것은 인간이 기억을 사진첩이나 일기에 저장하는 것과 같습니다.

RAM(수시로 입출력이 가능한 기억장치)

컴퓨터에서 게임을 실행할 때 이 정보는 랜덤 액세스 메모리라고 부르는 곳에서 실행됩니다. 이것은 컴퓨터의 공책처럼 프로그램을 실행하는 동안 정보를 빠르게 저장하거나 찾아올 수 있는 부분입니다. 그러나 이 정보는 임시적으로 저장될 뿐이라서 컴퓨터의 장기 기억장치인 하드 드라이브에 저장하지 않으면 영원히 사라지게 됩니다.

당신의 두뇌도 비슷한 기능을 갖고 있습니다. 짧은 시간동안 정보(예를 들면 이름을)를 기억할 수는 있지만 장기 기억으로 바꾸지 않으면 곧 기억이 사라지게 되기 때문입니다.

실험
Experiment 9

속도 실험

이 실험에서는 여러분에게 아마 정답이 뻔한 쉬운 질문이 주어질 겁니다. 문제의 진짜 목적은 그 답을 여러분의 기억에서 찾아오는 데 얼마나 걸리는지 알아보는 데에 있습니다. 다음 질문을 얼마나 빠르게 답할 수 있는지 '측정' 해보세요.

Question 1 독일은 국가입니까?

Question 2 '카메라'는 순우리말 단어입니까?

Question 3 ㅅ으로 시작하는 과일을 한 가지 대보세요.

Question 4 「생일 축하합니다」 노래의 마지막 소절을 불러보세요.

전부 답했나요? 어떤 질문이 답하는 데 가장 오래 걸렸나요? 독일은 국가이고, 카메라는 순우리말 단어가 아닙니다. 여러분은 사과, 수박, 석류와 같은 과일을 생각했을 겁니다. 대부분의 기억은 순식간에 떠오르지만, 다른 것들은 훨씬 더 긴 시간이 필요합니다. 「생일 축하합니다」의 마지막 소절을 기억하려면 먼저 전체 노래를 상기한 다음, 처음부터 끝까지 노래를 불러야 했습니다. 노래의 다른 소절들을 먼저 거치지 않고 노래의 마지막 소절을 기억하는 것은 매우 어렵습니다!

각 질문에 대답하는 데 걸리는 평균 시간은 다음과 같습니다.

1 0.5초 미만

2 1초가 조금 안 되게

3 1초를 살짝 넘게

4 2~3초

모든 대답은 여러분의 두뇌 어디엔가 저장된 기억에 의존했습니다. 걸린 시간에서 알 수 있듯, 여러분이 기억에서 정보를 찾아오는 데 걸리는 시간이 항상 같은 것은 아닙니다.

이런 현상은 (우리의 뇌보다는 정보를 가져오는 시간이 더 빠르긴 하지만) 컴퓨터에서도 똑같이 발생합니다.

컴퓨터와 두뇌의 차이점은 무엇일까?

컴퓨터와 뇌는 비슷한 부분이 많지만, 많은 차이를 보입니다. 한 가지 차이는 우리가 컴퓨터의 메모리를 발명했기 때문에 그것들이 어떻게 작용하는지 정확히 알 수 있지만, 인간의 기억에 대해서는 거의 알지 못한다는 점입니다.

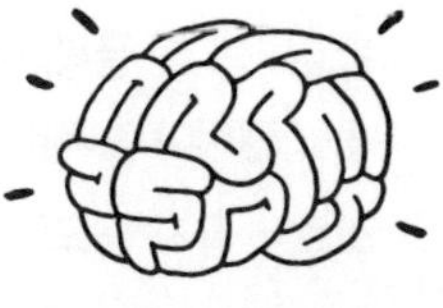

컴퓨터 메모리와 인간의 기억의 중요한 차이점들은 다음과 같습니다.

컴퓨터 메모리

1 컴퓨터 메모리가 가득 차게 될 수 있습니다. 그럴 때는 '오류-메모리 부족'이라는 무서운 메시지가 나타납니다.

2 컴퓨터는 여러분이 무엇을 입력했는지 까먹지 않습니다.

3 컴퓨터는 사물을 완벽하게 기억합니다. 여러분이 입력한 것을 그대로 돌려줍니다. **저축한 만큼 쓴다**라는 속담을 기억하세요!

4 컴퓨터는 무엇을 기억해야 할지를 결정하지 않습니다. 컴퓨터는 그저 여러분이 입력하는 모든 것을 기억합니다.

5 컴퓨터는 저장 공간을 추가해서 메모리를 확장할 수 있습니다. 그러나 여러분은 기억을 이식받을 수는 없죠.

6 컴퓨터 메모리는 한 곳에 저장됩니다.

7 컴퓨터 내의 메모리 칩 조각을 조금이라도 훼손하면 컴퓨터에 오류가 생긴다는 것을 즉시 확인할 수 있습니다.

8 컴퓨터를 새로운 장소로 이동시켜도 갑작스러운 플래시백(영화에서 주인공이 어떤 장소나 물건을 접하고 갑자기 관련된 과거 회상 장면으로 바뀌는 기법, 현상)을 겪지 않습니다.

9 컴퓨터는 손 글씨, 대화, 얼굴 등을 스캔이나 녹화하고 그것을 텍스트나 글자 등으로 인식하는 데 종종 실수를 합니다.

인간의 기억

1 우리가 아는 한, 뇌는 가득 차지 않습니다. 물론 일부 수업이나 학업에서 여러분들은 용량이 초과된 것처럼 느끼겠지만요!

2 인간 두뇌는 (특히 운동을 해주지 않으면) 기억한 것을 잊어버립니다.

3 인간은 종종 자신의 기억을 왜곡합니다. 나이 든 사람들이 "내가 어렸을 때 아이들은 항상 예의가 바르고 말을 잘 들었다."고 말하곤 하지 않나요?

4 인간의 두뇌는 선택적입니다. 그들은 중요하다고 생각하거나 기억에 남는 반복적인 것들을 더 잘 기억합니다.

5 인간의 기억력을 향상시키려면 이미 갖고 있는 뇌를 더 잘 활용하는 수밖에 없습니다. 뇌 이식 수술은 (아직까지는) 불가능합니다.

6 하나의 기억이 뇌의 여러 다른 장소에 저장 될 수 있습니다.

7 뇌의 아주 작은 부분을 제거해도 기억력에 변화가 없습니다. 뇌는 살아남은 세포를 사용하여 기억을 재구성합니다.

8 인간의 기억은 방 안에 들어가는 행위만으로도 떠오를 수 있습니다.

9 인간의 뇌는 손 글씨, 대화, 얼굴을 인식하는 것을 매우 쉽게 해냅니다.

이렇게 보니 차이가 꽤 많다고 볼 수 있겠죠? 뇌 조각을 제거해도 손상되지 않는다고요? 가득 찰 수 없다고요? 인간의 기억에 대해 조금 더 알아봅시다….

컴퓨터 메모리와 인간의 기억은 또 어떻게 다를까요?

'호랑이의 새끼를 뭐라고 부르나요?'

컴퓨터는 이런 질문에 답하기 위해 데이터베이스에서 체계적으로 답을 찾아갑니다. 마치 컴퓨터 속에 매우 작은 사람이 있어 각 서류함을 순서대로 뒤지듯이 이런 질문의 답을 찾습니다. 컴퓨터는 '호랑이'라고 표시된 파일을 찾을 때까지 동물 파일을 탐색합니다. 그 다음에 호랑이에 대한 사실을 하나씩 확인합니다.

- 크기 …
- 평균 체중 …
- 발견되는 곳 …
- 수명 …
- 새끼 이름 … **찾았다!**

아기 호랑이는 개호주라 부릅니다.

이 답은 즉시 컴퓨터 화면에 송출됩니다. 인간의 뇌가 기억하는 방식은 매우 다릅니다. 모든 뇌세포를 순서대로 거치는 대신, 마치 뇌 속에 아주 작은 사람이 모든 뇌 세포에게 소리를 쳐서 질문하는 것과 같죠.

'이봐, 새끼 호랑이에 대해 아는 세포 있나?'

이때, 모든 뇌 세포는 동시에 날뛰게 됩니다! 질문의 한 단어라도 인지하는 뇌의 모든 부분이 흥분하는 것이지요.

나는 새끼들은 어리다는 걸 알고 있어.라고 한 부분이 말합니다.

나는 호랑이들이 한국에서는 거의 멸종되었다고 알고 있어.라고 다른 부분이 말합니다.

나는 호랑이들이 줄무늬가 있다는 걸 알고 있지.라고 세 번째 부분이 말합니다.

이건 뇌의 다른 세포들에게 다른 기억을 떠오르게 하죠.

야생 백두산 호랑이를 시베리아에서 찾을 수 있다던데.라고 한 부분이 말합니다. (별로 도움은 되지 않는 정보군요.)

어미 호랑이들이 새끼 호랑이들이랑 노는 다큐멘터리를 본 것 같은데.라고 다른 부분이 말하죠.

호랑이 새끼에 대한 마지막 정보를 듣자마자 다른 뇌세포가 이런 정보를 떠올립니다.

"저기, 새끼 호랑이는 '개호주'라고 부른대!"

"개호주의 사투리로는 '개범주, 개호지'가 있대!"

마침내 필요한 정보를 찾아냈습니다.

이 대답은 마치 질문을 한 뇌 속의 아주 작은 사람에게 전달되고, 단어를 형성하고 말을 하게 도와주는 뇌의 부분으로 보내집니다.

물론 실제로는 작은 사람이 존재하지도, 이런 일이 우리 상상처럼 일어나지도 않지만, 대체로 우리의 뇌가 컴퓨터와 어떻게 다르게 작동하는지 쉽게 볼 수 있습니다. 우리의 뇌는 여러 방향으로 동시에 질문을 던지고, 컴퓨터에 비해 훨씬 덜 체계적으로 작동합니다. 그 이유는 우리의 뇌는 여러 아이디어를 서로 연결하는 과정을 통해 생각하기 때문입니다.

마치 뇌의 모든 부분이 스스로에게 "자, 이걸 들으면 뭐가 생각나지?"라고 물어보는 것처럼 말입니다.

실험
Experiment 10

단어 사슬

다음은 혼자서나 친구와 함께 해볼 수 있는 단어 사슬 실험입니다. 여러분이 할 일은 6개의 단어로 된 사슬을 만드는 겁니다. 주어진 첫 번째 단어를 보고, 그 단어와 관련된 새로운 단어를 적어보세요. 그런 다음에 그 새로운 단어와 연결된 세 번째 단어를 적고, 여섯 번째 단어를 적을 때까지 반복합니다. 아래는 '창문'이라는 단어로 시작하는 단어 사슬의 예시입니다.

창문은 **유리**를 떠올리게 합니다.

(창문은 유리로 만들어졌습니다.)

유리는 **마신다**는 말을 떠올리게 합니다.

(우리는 음료수를 유리잔에 따라 마시기 때문입니다.)

마신다는 말은 **콜라**를 떠올리게 합니다.

(콜라는 마실 수 있으니까요.)

콜라는 **기포**를 떠올리게 합니다.

(콜라 캔을 열면 기포가 보글거립니다.)

기포는 **떠다닌다**는 말을 떠올리게 합니다.

(기포는 떠다니니까요!)

이렇게 만들어지는 단어 사슬은

창문 → 유리 → 마신다 → 콜라 → 기포 → 떠다닌다

사자로 시작하는 자신의 여섯 단어 사슬을 만드십시오.

사자

____

____

____

____

____

____

단어 사슬이 어떤 단어로 끝나는지 다른 사람들과 비교해보세요. 아마 여러분은 다른 사람의 사슬이 모두 다르게 끝난다는 사실을 확인할 수 있을 거예요.

저의 예를 들면, 세 명이서 **사자**로 시작하는 단어 사슬을 만들어봤더니 각각 **광고, 피자** 그리고 **늪**으로 끝났습니다. 이러한 결과는 같은 단어가 얼마나 각기 다른 방향으로 생각을 이끌어낼 수 있는지 보여줍니다.

뇌 과학자들

많은 직업에서 기억력은 매우 중요합니다. 예를 들면 배우는 대사를 외워야 하고, 조종사는 비행기 조종하는 방법을 기억해야 하며, 간호사는 정상 체온이 몇 도인지 알고 있어야 합니다. 그러나 여기에서는 기억이나 인간의 뇌가 특히 중요한 직업들을 소개해보겠습니다.

신경 과학자 neuroscientists

신경 과학자는 인간의 신경계에 대한 모든 종류의 연구를 함으로써 뇌의 작동 방식을 연구합니다. 뇌는 신경계에서 가장 중요한 부분이며 신경 과학자에게는 자기공명영상(MRI, magnetic resonance imaging) 스캐너를 사용하여 뇌 내부에서 일어나는 일을 연구하는 것 이상의 즐거운 일이 없죠.

병원에서 일하는 신경 과학자들은 신경학자 혹은 신경외과 의사라고 부릅니다. 이들은 사고나 질병으로 기억의 일부를 잃은 사람들의 뇌를 연구해 기억의 작동방법에 대한 여러 사실들을 발견했습니다.

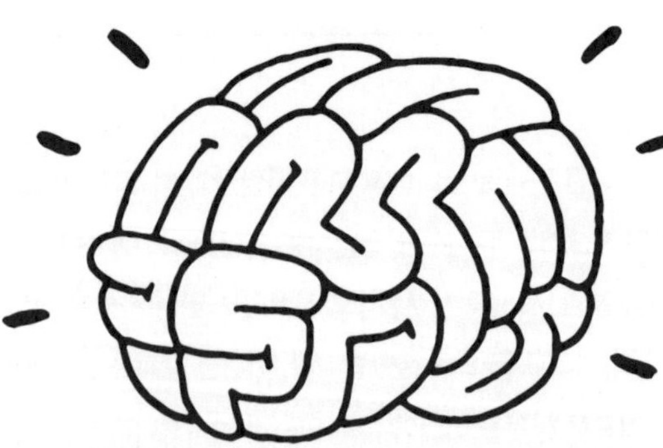

심리학자 Psychologists

심리학자는 인간의 사고방식과 왜 특정한 행동을 하는지를 이해하기 위해 사람들을 연구합니다. 신경 과학자와 마찬가지로 심리학자는 뇌가 어떻게 작동하는지 알고 싶어 하지만, 이를 환자를 관찰하고 질문을 하는 간단한 방법으로 수행합니다. 심리학자들은 연구나 실험을 위해 바늘이나 칼, 시험관 등을 사용하지 않습니다!

동물학자 Zoologists

동물학자들의 일은 (이름에서 알 수 있듯) 동물을 연구하는 것입니다. 그들은 동물과 관련된 모든 일, 예를 들어 그들이 사는 곳, 겨울에 어떻게 살아남을 수 있는지, 어떻게 번식하는지 등을 조사합니다. 또, 동물학자들은 동물의 두뇌가 어떻게 작용하는지 연구하는 것에도 관심을 갖습니다. 이들은 많은 실험들을 통해 동물들이 어떻게 학습하고 기억하는지를 알아보고 있습니다. 돼지, 침팬지, 고양이, 개, 쥐, 금붕어, 심지어 벌레 등도 연구 대상이 됩니다. 동물 연구를 통해 동물학자들은 인간의 두뇌가 어떻게 작동하는지를 더 알기 쉽게 도와줍니다.

이제 기억과 인간의 뇌에 대해 발견된 몇 가지 사실을 알아보도록 합시다.

여러분의 뇌는 어떻게 작동할까요?

여러분의 뇌는 어른 주먹 두 개를 붙여놓은 것과 거의 비슷한 크기와 모양입니다. 뇌는 뇌들보corpus callosum라 부르는 부분을 통해 이어진 두 개가 반쪽으로 나뉘어져 있습니다.

두 반쪽은 모양이 똑같지만 서로 매우 다른 기능을 가지고 있습니다. 우선 각 반쪽은 몸의 한쪽 절반을 조종합니다. 특이하게도 **왼쪽** 뇌는 **오른쪽** 몸을 조종하고, **오른쪽** 뇌는 **왼쪽** 몸을 조종합니다. 우리는 뇌에 상처를 입거나 뇌졸증(혈관이 터지는 것)을 겪으면 항상 반대편 몸의 움직임에 영향을 받기 때문에 이 사실을 알게 되었습니다.

뇌의 특별한 부분으로는 '해마'hippocampus가 있습니다. 구부러진 모양의 바다생물인 해마처럼 생겨서 이름을 얻은 이 부분은 단기 기억과 여러분이 경험한 것들의 기억을 담당합니다. 앞으로 해마에 대해서도 더 알아볼 예정입니다.

옆의 뇌 그림에는 기억과 기억하는 데에 중요한 부분을 표시했습니다.

1 해마는 이 안에 묻혀 있습니다. 해마는 단기 기억을 위해 필요합니다.

2 측두엽. 이 부분에 전기 자극을 주면 기억들이 갑자기 떠오릅니다.

3 뇌의 왼쪽 절반. 이 부분은 몸의 오른쪽 절반과 언어와 숫자를 제어합니다.

4 뇌의 오른쪽 절반. 이 부분은 몸의 왼쪽 절반과 그림과 감정을 제어합니다.

5 대뇌피질 또는 '회색질'은 뇌의 대부분을 덮고 있습니다. 기억은 대뇌피질에 걸쳐서 저장됩니다.

6 혀 끝. 물론 여기를 통해 기억이 나타나는 것은 아닙니다!

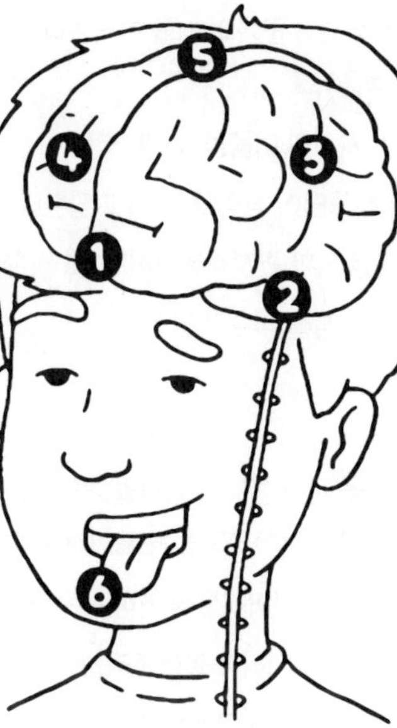

신경학자들의 연구를 통해 뇌에 대한 많은 사실을 발견했습니다. 그중 하나는 뇌에는 통증을 느끼는 통점이 없다는 점입니다. 즉, 신경외과 의사가 여러분의 뇌를 이리저리 찌르면서 수술하는 동안 깨어 있어도 아무것도 느끼지 못할 것이라는 말입니다!

뇌의 특징 부분들은 매우 특정한 일을 합니다. 예를 들어 한 부분은 왼쪽 엄지손가락을 제어하고, 다른 부분은 혓바닥을 조종하는 식입니다. 과학자들은 웃음을 제어하는 특정한 부분이 있을 것이라고 생각하기도 합니다. 모든 오른손잡이들의 뇌에서 각 부분은 똑같은 역할을 합니다.

두뇌 과학 퀴즈

이제 당신은 뇌 전문가로서, 친구들에게 다음의 퀴즈를 내보세요.

1 전기 자극을 사용해서 누군가의 뇌를 자극한다면, 다음 중 어느 것이 일어날 확률이 가장 높을까요?

(a) 환자가 갑자기 자신의 이름을 잊어버렸다.

(b) 환자가 "방금 배트맨이 생각났어!"라고 말한다.

(c) 환자가 "오, 방금 뇌가 간지러워졌어!"라고 말한다.

(d) 환자가 갑자기 천장을 부수고 날아간다.

2 다음 중 어떤 수술을 하면 환자가 기억을 거의 잃지 않을 수 있을까요?

(a) 뇌의 여러 부분에서 작은 조각들을 제거하는 수술.

(b) 뇌의 한 부분에서 큰 덩어리를 제거하는 수술

(c) 1톤짜리 추를 환자의 머리에 떨어뜨리는 수술.

(d) 뇌를 같은 크기의 젤리 한 그릇으로 교체하는 수술.

3 뇌의 두 반쪽을 연결하는 부분인 뇌들보를 반으로 자르면 어떤 결과가 일어날까요?

(a) 환자는 끔찍한 소리를 지르며 괴로운 표정을 짓는다.

(b) 환자는 크게 다치지 않지만 왼쪽과 오른쪽을 잘 구분하지 못하게 된다.

(c) 환자는 그가 배운 모든 것을 잊어버린다.

(d) 환자는 즉시 죽는다.

여러분의 뇌가 가득 찰 수 있을까요?

일반 데스크톱 컴퓨터에는 정보를 저장할 수 있는 공간이 약 1기가 바이트정도 있습니다. (요즘은 용량이 훨씬 커졌습니다.) 그러나 한 신경 과학자는 인간의 뇌의 용량이 10만 기가바이트라고 추정합니다! 또 다른 과학자는 우리가 초당 약 2바이트의 새로운 정보를 저장할 수 있다고 말합니다. 이건 평생 동안 우리가 1기가바이트 정도의 정보를 저장한다는 말입니다. 어쩌면 이것이 우리 두뇌가 결코 가득 찰 수 없는 이유가 될지도 모르겠네요.

정답

1. (b) 뇌에 자극을 주면 기억을 떠올릴 수 있습니다. 물론 이건 환자의 몸을 약간 움찔거리게 할 수도 있지만, 천장을 뚫고 나갈 정도는 아닙니다. 1950년대에 신경전문학자인 와일더 펜필드Wilder Penfield는 뇌에 문제가 있는 환자들을 수술했습니다. 전기 자극기로 환자의 뇌를 찌르면 (수술하는 동안 내내 깨어있는) 환자가 갑자기 잊었던 어렸을 때의 기억을 떠올리거나, 공중으로 손을 들어올리기도 했습니다. 뇌의 다양한 부분을 자극한 결과, 펜필드는 뇌의 각기 다른 부분이 각기 다른 기억을 지니고 있다는 것을 발견했습니다.

2 (a) 래쉴리Lashley라는 신경 과학자(과학자들은 종종 이름을 뺀 성으로 만 알려져 있습니다)는 뇌의 각기 다른 부위에서 작은 조각들을 제거하면 환자의 기억 상실이 거의 없다는 것을 발견했습니다. 그러나 뇌의 한 부분에서 큰 덩어리를 제거하면 환자는 많은 양의 기억을 잃게 됩니다. 또, 강력한 전기 충격을 가하면 많은 양의 기억을 잊어버릴 수도 있습니다.

3 (b) 예전에는 신경과 전문의들은 간질 환자의 뇌의 두 반쪽을 분리하는 수술을 하곤 했습니다. 이러한 수술들을 통해 그들은 인간의 두뇌에 대한 흥미로운 사실을 많이 발견했습니다. 여러분은 뇌를 반으로 가르는 것이 매우 끔찍한 고문이라고 생각할 수 있습니다. 그러나 실제로 여러분은 아무 고통도 느끼지 못하고, 꽤 평범한 일상을 유지할 수 있습니다. 그러나 때로는 이러한 수술이 환자의 행동에 영향을 주기도 합니다. 예를 들면, 왼손은 단추를 잠그기 위해 한쪽 방향으로 잡고 있는 동안 오른손은 다른 방향으로 잡기 위해 왼손과 싸우게 되는 등 말입니다.

왼손잡이와 오른손잡이

실험 Experiment 11

왼쪽? 오른쪽?

다음 질문에 답하십시오.

Q&A

- 어느 손으로 글씨를 쓰나요?
- 주로 어느 발로 축구공을 차나요?
- 어느 귀에 수화기를 대나요?
- 테니스 라켓은 어느 손으로 잡나요?
- 주로 어느 손으로 야구공을 던지나요?
- 숟가락질은 어느 손으로 하나요?

대부분의 사람들은 위의 모든 질문에 '오른쪽'이라고 대답합니다. 여러분은 어떤가요?

대략 10명 중 한 명 정도가 왼손으로 글씨를 씁니다. 대부분 질문에 '오른쪽'이라고 대답했어도 하나라도 '왼쪽'이라고 대답한 사람을 찾을 수 있는지 확인해보세요. 꽤 많은 오른손잡이들 중에 야구방망이나 탁구 라켓을 왼손에 들거나, 전화를 왼손 왼쪽 귀로 받는 사람들이 있습니다. 하지만 모든 행동을 하는데 왼손을 선호하는 경우는 많이 없습니다. 그래서 과학자들은 사람을 '오른손잡이'와 '비오른손잡이'라는 두 개의 분류로 구분합니다. '비오른손잡이'는 전부 왼손잡이가 아니거나 전부 오른손잡이가 아닌 사람들을 모두 포함하는 겁니다!

왼손잡이와 오른손잡이는 여러분의 뇌가 어떻게 연결되어 있는지에 달려 있습니다. '왼손잡이'의 뇌에서는 일반적으로 왼쪽 절반에 있는 조절 영역이 오른쪽 절반에 있을 수 있습니다. 왜 이런 현상이 발생하는지는 확실히 밝혀진 것은 없지만, 한 가지 이론은 이런 차이가 유년기에 발생한다는 것입니다. 아기가 처음 장난감을 집을 때 왼손을 사용하면 이후 장난감을 집어 올릴 때마다 뇌가 매번 그 손을 사용하도록 적응한다는 거죠.

또 흥미로운 사실은, 많은 동물들은 오른손잡이가 아니라는 점입니다. 예를 들면, 여러분의 강아지에게 악수를 시킨다면 개는 어느 발을 내미나요? 고양이가 박스에 들어갈 때 어떤 발을 사용하나요? 과학자들은 이들이 오른발과 왼발을 딱 반반만큼 사용한다는 사실을 발견했습니다.

오래 전에 사람들은 왼손잡이를 어리석거나 재수 없다고 생각했습니다. 영어로 사악하다는 뜻을 가진 'sinister'라는 단어는 왼쪽을 의미하는 라틴어 단어에서 비롯되었습니다. 예전에는 왼손잡이 아이들의 손을 뒤로 묶어 억지로 오른손으로 글씨를 쓰도록 가르치기도 했습니다. 오늘날에는 왼손잡이들에 대한 태도가 많이 바뀌었습니다. 어떤 사람들은 심지어 왼손잡이들이 오른손잡이에 비해 똑똑하거나 창의적이라고 말하기도 합니다. 왼손잡이와 예술적 기질을 연관 짓는 증거가 어느 정도 있기는 하지만, 아직까지는 확실한 것은 아닙니다. 여러분은 어떻게 생각하시나요?

여러분은 간지럼을 얼마나 타나요?

과학자들은 사람들이 왼쪽과 오른쪽 중 어느 쪽이 더 간지럼을 타는지 알아보기 위한 실험을 해왔습니다. 자원자 34명 중에서 26명은 오른쪽에서 간지럼을 더 많이 탔습니다. 이는 오른손잡이인지 왼손잡이인지, 또 어느 쪽을 먼저 간지럽혔는지와 상관없는 결과였습니다.

왼쪽 및 오른쪽 뇌 실험

여러분의 기억은 뇌의 두 반쪽에 균등하게 저장되지만, 각 반쪽은 다른 방식으로 작용합니다. 왼쪽과 오른쪽의 뇌는 몸의 오른쪽과 왼쪽을 제어하는 것뿐만 아니라 서로 다른 역할을 합니다. 예를 들어 단어와 의미는 보통 두뇌의 왼쪽 절반에 저장되는 반면, 노래와 그림은 대부분 오른쪽에 저장됩니다. 우리는 뇌 손상을 입은 사람들을 연구한 결과 이러한 사실을 알 수 있습니다. 왼쪽 뇌에 뇌졸증을 겪은 환자는 말을 못하게 되었지만 대신 노래는 여전히 할 수 있었습니다!

또 다른 연구에서, 뇌들보가 잘려진 환자에게 오른쪽 눈을 가린 채 바나나의 사진을 보여주었습니다. 이 환자는 오른쪽 뇌 반쪽을 통해 사진 속 바나나가 과일이라는 것까지는 인지했지만, 무슨 과일인지 인식할 수 없었습니다. 오른쪽 눈을 가렸던 것을 없애자, 환자는 그 이름을 기억할 수 있었습니다!

다음은 여러분이 직접 해볼 수 있는 신기한 두뇌 실험입니다. 줄리안 제인스Julian Jaynes라는 심리학자가 만든 유명한 실험입니다.

실험
Experiment 12

행복한 얼굴들

121쪽에 두 개의 얼굴 그림이 있습니다.

아직 보지 마세요!

잠시 후 책장을 넘겨서 볼 때 그림들의 코에 집중해보세요. 첫 번째 얼굴을 빠르게 확인하고, 두 번째 얼굴을 확인한 다음, 둘 중 어느 얼굴이 더 행복해 보이는지 생각해보세요.

자, 지금 121쪽의 각 얼굴을 보고
다시 이쪽으로 돌아오세요.

어느 얼굴이 더 행복해 보였나요?

제인스가 이 실험을 했을 때 그는 오른손잡이들의 80%정도가 오른쪽 얼굴이 더 행복해 보인다고 했습니다. 하지만 이 두 개의 얼굴은 똑같은 얼굴의 대칭입니다. 왜 대부분의 사람들이 오른쪽 얼굴을 선택할까요? 여러분이 코를 응시하는 경우 여러분의 오른쪽 눈은 얼굴의 오른쪽 반쪽을 보고, 왼쪽 눈이 얼굴의 왼쪽 반쪽을 보게 됩니다. 오른쪽의 뇌가 왼쪽에 비해 감정에 대해 더 많은 일을 하기 때문에 (오른쪽 뇌가 조종하는) 왼쪽 눈이 보는 것이 여러분의 생각에 더 영향을 끼친 것입니다. 여러분의 왼쪽 눈이 '슬픈' 표정을 보았다면 그 얼굴이 슬퍼 보인다고 생각하게 되는 것이죠. 여러분도 동의하시나요?

기억력과 눈동자의 움직임

가끔 우리는 다른 사람이 기억을 떠올리는 모습을 관찰해볼 기회가 있습니다. 여러분은 여러분이 기억을 떠올릴 때 눈동자가 위나 아래, 왼쪽이나 오른쪽으로 향한다는 점을 알고 계셨나요? 눈동자가 어디를 향하는지는 여러분의 뇌가 어떻게 작동하고 기억하는지에 대한 단서를 제공합니다. 눈이 오른쪽을 향한다면 이것은 왼쪽 뇌가 열심히 일을 하고 있다는 뜻일 수 있습니다.

어떤 사람들은 눈동자가 어디에 향하느냐에 따라 정확히 어떤 종류의 생각이 뇌에서 일어나고 있는지 알 수 있다고 말합니다.

여러분은 이 이론에 대해서 어떻게 생각하시나요? 현재까지는 과학자들이 이를 뒷받침할 충분한 증거를 찾지는 못했습니다. 다음 실험을 통해 우리가 직접 이 이론을 확인해볼까요?

감각이나 냄새에 대해 생각하기
소리 기억하기
이미지 상상하기
소리 만들기
이미지 기억하기

실험

Experiment 13

눈동자 움직임 확인하기

자신의 눈동자가 어떻게 움직이는지 확인하는 것은 매우 어려운 일입니다. 그래서 친구나 부모님에게 실험 대상이 되어달라고 부탁해야 합니다. 실험 대상은 오른손잡이여야 하고, 기억하세요.

어떤 실험을 하고 있는지 말해주면 안 됩니다!

또, 실험 질문을 물어봐줄 조수가 필요합니다.

Question 1

존은 피터보다 키가 크지만, 해리보다는 작다.
가장 키가 큰 사람은 누구인가?

(이 질문에 답하기 위해서 뇌는 정보의 순서를 정리해야 합니다. 이런 일은 왼쪽 뇌가 담당하기 때문에, 눈동자는 오른쪽을 향하게 될 것입니다.)

Question 2

각설탕에는 몇 개의 면이 있나요?

(이 질문에 답하려면 3차원의 도형을 상상해야 합니다. 시각화는 오른쪽 뇌가 담당하므로, 눈동자는 왼쪽을 향합니다.)

이 실험을 수행 한 과학자들은 눈동자가 대부분 예상한대로 움직이지만, 항상 그렇지는 않다는 것을 알게 되었습니다. 여러분의 결과는 어땠나요?

기억은 얼마나 오래 남나요?

실험 Experiment 14

가장 어렸을 때의 기억은 무엇인가요?

여러분의 가장 오래된 기억은 무엇인가요? 처음 초등학교에 입학한 날을 기억하나요? 동생이 태어난 날은 기억이 나나요?

부모님께 이 질문을 여쭤봐서 부모님은 얼마나 오래 전까지 기억을 하는지 알아보세요. 하지만 여러분은 '착각'에 속지 않도록 조심해야 합니다. 종종 사람들은 옛날 가족사진을 보고난 다음 아기 때의 일을 '기억'한다고 착각하곤 합니다. 그렇다면 일반적으로 사람들은 몇 살 때부터 기억을 할 수 있을까요?

대부분의 사람들은 5살 이전에 일어난 일들은 거의 기억할 수 없습니다. 세 살 이전의 기억을 갖고 있는 것은 매우 드문 일입니다. 많은 어린이들에게 가장 오래된 기억은 결혼식에서 신부들러리로 걸었거나, 이사하는 날이나 팔이 부러진 날처럼 매우 즐거웠거나 무서웠던 때의 기억입니다.

참고로 이 말은 두 살배기 아이들은 기억력이 전혀 없다는 뜻은 아닙니다. 예를 들어 대부분의 두 살배기 아이들은 그들에게 간식을 주기로 약속했다거나 하는 일들을 매우 잘 기억하고, 부모님에게 이 약속을 잊지 않도록 상기시켜주곤 하죠. 하지만 아기들의 기억은 오래 남지 않습니다.

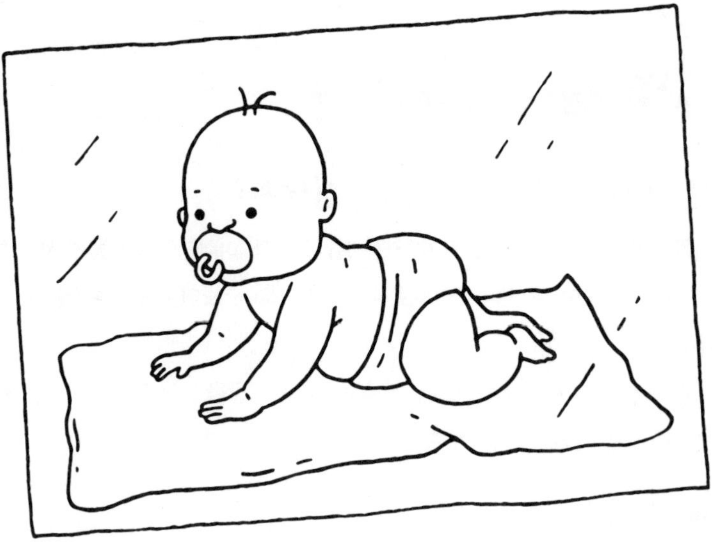

나이가 들더라도, 사람들은 오래 기억에 남지 않는 기억력을 갖고 있습니다. 어떤 기억들은 10초밖에 남아있지 않고, 여러분 또한 모든 정보를 평생 기억할 필요가 없기 때문에 이건 전혀 문제가 되지 않습니다. 과학자들은 기억을 '단기 기억'과 '장기 기억'이라는 두 가지로 구분합니다.

단기 기억은 뇌 속에 있는 칠판과 같은 것입니다. 여러분은 누가 말하는 것을 듣거나 계산을 할 때, 뇌 속의 칠판에 펜으로 글을 쓰듯 정보를 기입합니다. 하지만 그 칠판은 매우 작아서 적힌 정보를 장기 기억에 있는 저장함으로 옮겨놓지 않으면 금방 가득 차버려서 새로운 정보를 저장할 수 없게 됩니다.

다음 실험을 통해 여러분의 단기 기억 칠판이 얼마나 큰지 확인해보세요.

실험

Experiment 15

몇 개의 숫자를 기억할 수 있나요?

다음은 단기 기억력을 확인할 수 있는 실험입니다. 여러분이 숫자를 순서대로 몇 개까지 기억할 수 있나 시험해보세요. 먼저 아래에 보이는 모든 숫자를 가려 두세요.

이제 첫 번째 세트만 확인해서 (마음속으로) 숫자들을 읽고 다시 덮어주세요. 숫자를 모두 순서대로 기억할 수 있나요?

First set 7 4 8 3 6

다섯 개 숫자 모두 외울 수 있었나요? 이제 두 번째 세트를 확인해서 여섯 자리 모두 암기할 수 있는지 확인해보세요. 실수를 할 때까지 반복하세요.

Second set 2 6 5 4 9 8

Third set 8 3 2 6 7 4 9

Fourth set 2 7 6 3 9 8 5 6

Fifth set 9 3 5 8 6 7 1 2 4

몇 번째 세트까지 성공하셨나요? 다섯 번째 세트의 9개 숫자를 모두 암기할 수 있었다면 당신은 남다른 단기 기억력을 가진 겁니다. 대부분의 사람들은 5개의 숫자는 기억할 수 있지만 (전화번호와 길이가 같은) 7개 이상을 외울 수 있는 사람은 많지 않습니다. 이 숫자들은 여러분의 단기 기억에 저장됩니다. 누군가 여러분에게 전화번호를 알려준다면, 여러분은 그 번호를 단기 기억에 몇 분간 저장할 수 있습니다. 전화를 걸기에는 충분한 시간이죠!

유머 한마디

환자 : 의사 선생님, 제 단기 기억에 매우 심각한 문제가 있어요!

의사 : 그 문제는 언제부터 겪은 것인가요?

환자 : 무슨 문제요?

반면에, 어떤 기억들은 일생 동안 잊히지 않습니다. 1997년에 프랑스인인 장 칼망Jeanne Calmet은 122세의 나이로 사망했습니다. 그녀는 말년에 1885년부터의 경험들을 기억할 수 있었습니다! 그녀는 말년에 추억들을 CD에 녹음했는데, 여기에는 에펠탑이 건축되었던 1889년의 기억과 예술가 반 고흐를 만났을 때의 기억도 포함되어 있었습니다.

다른 유형의 기억

전화번호 외에도 기억해야 할 중요한 내용은 여러 가지가 있습니다.
예를 들어

사람들의 이름과 정보

인생에 일어난 중요한 사건들
예를 들면 학교에서의 첫날
아니면 자동차 여행에서 멀미가 났던 일

기술, 예를 들면 수영이나
자전거 타는 방법이나 공을 차는 것

또 앞으로 무슨 일이 일어날지 기억해야 하기도 합니다. 예를 들면 오늘 밤에 숙제를 해야 한다거나, 아니면 가장 좋아하는 TV 프로그램이 8시에 시작된다는 사실 같은 것 말입니다.

이 기억들은 각자 다른 유형으로 분류할 수 있습니다. 우리는 환자들의 뇌가 제대로 작동하지 않을 때 어떤 유형의 기억은 유지하지만 어떤 유형의 기억은 완전히 잊어버리기 때문에 이 사실을 알게 되었습니다. '여러분의 뇌는 어떻게 작동할까요?' 앞에서 뇌의 해마에 대해 이야기한 것을 기억하나요? 해마가 손상되면 매우 이상한 일들을 겪게 될 겁니다.

'W 아저씨'라고 불린 한 환자는 희귀한 감염을 앓고 해마가 손상되었습니다. W 아저씨는 다른 면에서는 회복되었지만, 최근 일어난 일들에 대한 기억을 모두 잃게 되었습니다. 그래서 W 아저씨는 시간 감각도 함께 잃게 되었습니다. 이제 W 아저씨의 아내가 잠깐 외출을 했다가 돌아오더라도 W 아저씨는 마치 아내를 몇 주 만에 처음 본 것으로 착각하게 되었습니다. W 아저씨는 새로운 기술을 배울 수는 있었지만, 그러한 기술들을 어떻게 배웠는지는 기억하지 못한다고 합니다.

다른 사례로, 어떤 남자는 펜싱 사고로 단기 기억을 잃게 되었습니다. 펜싱대회 도중, 상대 선수의 펜싱 검이 이 남자환자의 코로 쑥 들어가 뇌의 해마를 찔러버린 것입니다.

이 이야기의 교훈은 바로 이것이죠.

절대로 코 속으로 뾰족한 물체를 집어넣지 말 것!

잊어버리기

지난주에 여러분이 잊어버린 것은 무엇이 있나요? 숙제를 까먹었나요? 누군가의 이름을 잊어버리지 않았나요? 익숙한 단어의 철자가 갑자기 생각나지 않았다거나?

사람들은 왜 기억을 잊는 걸까요? 과학자들은 사람들이 나이가 들면서 점점 더 많이, 더 자주 기억을 잊기 때문에 이 주제에 대해서 관심을 갖고 많은 연구를 해왔습니다. 건망증이라는 문제를 '치료'할 수 있는지 알고 싶어 하는 것이지요.

이런 설명은 마치 기억했던 것을 잊어버리는 것을 아주 나쁜 것처럼 들리게 하는데, 이건 사실이 아닙니다. 반대로, 여러분이 기억을 잊을 수 있는 능력이 없었다면 매우 심각한 문제가 될 수 있습니다. 아무 기억도 잊어버리지 않으면 매우 혼란스러워질 것입니다. 예를 들어, 매주 장을 본다고 하면, 어느 정도 시간이 지난 다음에는 머릿속에 영수증 목록으로 가득차서 뇌가 막힌 것처럼 느껴지게 될 것입니다.

잊어버리는 것은 이런 혼란을 제거해서 정말 중요한 것들에 집중할 수 있도록 도와줍니다. 때로 우리는 의도적으로 슬프거나 아픈 기억을 제거하기도 합니다.

사람들은 왜 기억을 잊어버릴까요?

때로는 잊어버리는 것이 좋을 수도 있지만, 자주 잊어버리는 것은 매우 불편한 일이 아닐 수 없겠죠! 과학자들은 우리가 기억을 잊어버리는 데에는 세 가지 이유가 있다고 합니다.

저장한 후 사용하지 않는 기억을 잊어버립니다

예를 들면 여러분이 프랑스어로 기니피그guinea pig를 '코바예'cobaye라고 부른다는 것을 알게 되었다고 가정해봅시다. 여러분은 이 단어를 지금 배웠지만, 평생 필요로 하지 않을지도 모릅니다. 결국 여러분의 뇌 속에 '코바예'로 이어지는 작은 통로들이 천천히 사라지고, 이 정보를 잊어버리게 됩니다. 기억을 오래 유지하기 위해서는 그 기억을 자주 상기하는 훈련을 시켜줘야 합니다.

걱정하거나 속상해하는 것은 건망증을 유발합니다

여러분이 기억력이 안 좋아진 것 같다고 걱정하면 할수록 기억력이 더 나빠지게 됩니다. 잘 기억하는 방법은 여유로운 마음을 가지고, 너무 골똘히 고민하지 않는 것입니다!

뇌세포가 손상되면 기억력이 나빠집니다

술을 많이 마시면 뇌세포가 죽는다는 것은 사실입니다. 1994년에 한 호주 과학자는 호주인들이 맥주를 너무 많이 마셔서 전 세계에서 가장 기억상실증이 높게 발병한다는 연구를 발표했습니다. 정신에 영향을 주는 다른 약들도 기억력에 영향을 주게 되는데, 얼마나 심각하게 영향을 끼치는지에 대해서는 아직 연구가 되지 않았습니다. 약의 부작용은 투여한 뒤 20년이 지나서야 나타나기도 하기 때문입니다.

많은 여성들은 임신 기간 동안 일시적으로 기억력을 포함해 지성의 일부를 잃습니다. 여러분의 어머니께 여쭤보면 아마 본인도 겪은 일이라고 말씀해주실 겁니다. 과학자들은 왜 이런 현상이 나타나는지 확신하지 못합니다. 출산을 한 뒤 몇 달이 지나면 뇌는 다시 정상적으로 돌아옵니다.

머리에 큰 충격을 받아도 일시적인 기억상실을 겪을 수 있습니다. 커다란 망치로 머리를 얻어맞은 만화 캐릭터들은 항상 "여기가 어디죠?" "누구세요?"와 같은 질문을 하곤 합니다. 이런 현상은 현실에서도 일어납니다. 물론 현실에서 머리에 충격을 받는 것은 만화에서보다 훨씬 끔찍하고 고통스럽지만 말이죠. 머리에 충격을 받은 사람은 사고 직전에 무슨 일이 있었는지 기억을 못하는 경우가 대부분입니다. 더 심각한 경우, 환자는 자신과 과거에 대해 거의 모든 기억을 잃을 수 있습니다. 이런 상태를 '기억상실증'amnesia이라고 부릅니다.

가장 오랫동안 지속된 기억상실증은 1936년 미국에서 존 크로스화이트John R. Crosswhite 씨가 겪은 일입니다. 크로스화이트 씨는 교통사고로 의식을 잃고 깨어난 뒤 본인의 이름을 '존 크로스'라고 착각했습니다. 이 실수로 인해 사람들은 '존 크로스화이트 씨'가 실종되었다고 생각했고, 1940년에는 사망했다고 공식적으로 처리되었습니다. 이후 존 크로스 씨는 존 크로스화이트 씨 시절의 아내와 자녀들이 있다는 사실을 까먹은 채로 새로 결혼해 가정을 꾸렸습니다. 그는 1973년에 뇌졸증을 앓고 뇌가 다시 한 번 충격을 받고 난 다음에야 자신이 실제로 누구인지 기억할 수 있었습니다!

사람들은 종종 얼굴을 기억하지만 이름을 잊어버립니다. 수년 전 유명한 지휘자인 토마스 비참 경Sir Thomas Beecham은 어느 날 콘서트를 끝내고 뒤풀이 파티에 참석해서 익숙한 얼굴을 가진 여인과 마주쳤습니다. 그는 그녀가 결혼을 했고, 남편의 직업이 매우 중요한 것이었다는 사실은 기억이 났지만, 그녀의 이름은 생각이 나지 않았습니다. 그래서 그는 매우 정중하게 그녀에게 다가가서 남편이 잘 계신지, 그리고 아직도 같은 일을 하고 계신지 물었습니다. 그녀가 "그이는 잘 지냅니다. 아직 국왕이기도 하지요."라고 대답했을 때 비참 씨의 표정이 볼만했을 텐데요!

엄청 똑똑한 사람들 중에서도 기억력이 매우 안 좋은 사람들이 꽤 있습니다. 데이비드 힐베르트David Hilbert라는 유명한 수학자에게 한 친구가 매우 복잡한 수식을 칠판에 적어서 보여주었습니다.

힐베르트는 매우 감탄하며 "대단한 수식이네요! 이 수식을 발견한 사람이 누구인가요?"라고 물었습니다.

"당신이 발견한 것이잖아요!"라고 친구가 대답했다고 합니다.

힐베르트 씨의 기억력이 특별히 안 좋은 것은 아닙니다. 똑똑한 사람들 중 많은 사람들은 종종 정신을 팔고는 합니다. 그들의 뇌가 워낙 많은 것들을 생각하고 있기 때문에 주의를 기울이지 않는 것이지요.

너무 많이 기억하는 것도 문제!

암기를 너무 강요하다보면 너무 많이 기억하는 것이 문제가 될 수도 있습니다. 미국인인 윌리엄 제임스 시디즈William James Sidis는 하버드대학교의 심리학자의 아들로 태어났습니다. 윌리엄은 어렸을 때부터 배우고 기억하도록 훈련받았습니다. 7살에 윌리엄은 8년의 교육과정을 단 6개월 만에 끝내고 5개 국어를 할 수 있었습니다! 그는 하버드대학에 입학해서 수석으로 졸업하고 불과 14살에 대학 강사로 일하기 시작했습니다. 그러나 25세에 윌리엄 씨는 어느 날 평범한 회계 경리로 다시 취업했습니다. 왜 그런 직업을 선택했냐는 질문에 그는 이렇게 답했습니다. "이 일은 '잊을 수 있는' 직업이라서 행복합니다."

어른들이 건망증에 걸렸다는 것을 증명해봅시다!

대부분의 어른들은 자신들이 기억력을 잃고 있다고 생각합니다. 이 실험을 통해 여러분은 그 사실을 증명할 수 있습니다. 다음과 같은 대화를 나눠 보세요.

여러분 : 한 남자가 움막에서 살았습니다. 움막 안의 모든 것을 분홍색으로 칠했습니다. 그러면 카펫은 무슨 색깔일까요?

어른 : 분홍색!

여러분 : 전자레인지는 무슨 색깔일까요?

어른 : 분홍색!

여러분 : 그의 창틀은 무슨 색깔일까요?

어른 : 분홍색!

여러분 : 계단은 어떤 색일까요?

어른 : 분홍색!

여러분 : 땡! 움막에는 계단이 없죠. 남자가 움막에 산다는 사실을 벌써 잊어버린 건가요?

그리고 도망갈 준비를 해야겠죠!

기억의 속임수 : 기억이 여러분을 속일 수도 있습니다!

간혹 우리는 우리가 무언가를 까먹어서가 아니라, 잘못 기억해서 곤란한 일을 겪기도 합니다. 완전히 잘못된 기억이 사실이라고 확신을 하게 되는 것입니다. 여러분에게도 이런 일이 일어난 적이 있나요? 기억을 불러내는 실험을 해보도록 합시다.

실험
Experiment 16

얼마나 정확하게 기억을 불러낼 수 있나요?

집에 있는 시계를 떠올려보세요. 전자시계 말고 시곗바늘이 있는 아날로그시계에 집중하는 겁니다. 부엌이나 거실, 아니면 손목시계로 이런 시계를 하나쯤은 갖고 있을 겁니다. 눈을 감고 그 시계를 떠올린 다음 시계의 얼굴을 그려보세요. 숫자는 어떻게 생겼나요? 분은 어떻게 표시가 되어 있었나요? 그림을 다 그린 뒤에는 그 시계를 실제로 확인해보세요. 얼마나 정확하게 그렸나요?

대부분의 사람들이 매일 시계를 보는데도 이 실험을 하면 얼마나 틀리는지 깜짝 놀랄 정도입니다. 교실에 매우 큰 시계가 있는 8살 학생들을 대상으로 이 실험을 해보았습니다. 아이들이 시계를 그리는 동안 시계는 천으로 가려놓았지요.

한 명을 제외하고 모두 다음과 같은 시계를 그렸습니다.

한 어린이는 이 그림이 잘못되었다는 것을 알았고, 이렇게 그렸습니다.

그러나 천을 치워보니 실제로 시계는 이렇게 생겼습니다.

로마자는 커녕 숫자가 아예 없는 시계였습니다. 참가자들은 모두 자신이 정확하게 시계의 모습을 '기억'했다고 생각했지만, 모두 틀렸던 것입니다!

엉터리 기억!

기억을 정확히 되새기는 것은 특히 법원에서 중요한 일입니다. 많은 경우 증인들의 증언을 토대로 판결이 내려지기 때문입니다. 사람들은 자신이 말하는 것이 진실이라고 생각하지만, 앞서 보았듯 우리의 기억은 우리를 속일 수 있습니다. 어떤 실험에서 심리학자는 실험 참가자들에게 자동차가 가로등을 들이받는 영상을 보여주었습니다. 그 다음 참가자들을 반으로 나누고, 한 그룹에게는 이런 질문을 던졌습니다.

"차가 가로등에 부딪쳤을 때 얼마나 빠르게 움직이고 있었을까요?"

두 번째 그룹에게는 이렇게 물어보았습니다.

"차가 가로등을 박살냈을 때 얼마나 빠르게 움직이고 있었을까요?"

모두가 같은 영상을 보았기 때문에, 두 질문이 표현이 약간 다르더라도 두 그룹의 대답에는 차이가 없어야 합니다. 하지만 첫 번째 그룹은 자동차가 시속 30km 정도로 주행 중이었다고 대답한 반면, 두 번째 그룹은 그보다 훨씬 빠른 속도로 달리고 있었다고 생각했습니다. 질문을 약간 바꾸는 것만으로 두 번째 그룹의 기억이 조작되었다는 것을 보여주는 것입니다.

1주일 후 참가자들을 다시 불러 사고 현장에서 깨진 유리 조각이 있었는지 물어보았습니다. 가로등이 '박살났다'고 들은 참가자들은 도로에 유리조각이 떨어졌다고 대답했습니다. 하지만 영상에는 유리가 전혀 없었습니다. 거짓 기억이었던 것입니다.

동물의 기억력

기억이 어떻게 작동하는지에 대해 발견을 한 과학자들이 모두 신경학자나 심리학자인 것은 아닙니다. 우리는 동물학자들에게도 감사를 표해야 옳습니다.

오랜 시간동안 동물학자들은 모든 동물이 배우고 기억할 수 있다는 점에 주목했습니다. 매우 단순한 생물조차도 일종의 기억력을 갖고 있다는 증거도 있습니다. 동물의 뇌에 대한 연구를 통해 과학자들은 인간이 어떻게 생각하고 기억하는지에 대해 멋진 발견들을 할 수 있었습니다.

금붕어 기억 10초?

금붕어를 사용한 실험에서, 연구원들을 항상 어항의 특정한 장소에 사료를 주었습니다. 그 후 금붕어를 익숙한 어항에서 꺼내서 다른 어항에 짧은 시간동안 옮겨두었습니다. 연구자들은 금붕어들이 10초 이상 다른 어항에서 지내다가 원래의 어항으로 돌아온 뒤 사료를 어디에서 찾아야 할지 헤맨다는 것을 발견했습니다. 금붕어가 사료의 위치를 '까먹은' 겁니다.

어떤 사람들은 이 연구가 금붕어의 기억력이 단 10초밖에 되지 않는다는 뜻이라고 설명합니다. 이 말은 즉, 금붕어를 매우 큰 수조에다 넣어두면, 평생 심심해 할 일은 없게 될 것이라는 겁니다. 금붕어가 수조 둘레를 한번 헤엄치면 시작점으로 돌아올 때쯤 그 기억을 까먹어서 마치 수조를 처음 본다고 생각하게 될 것이기 때문입니다.

이 유명한 '금붕어 기억 10초' 이야기는 재미있긴 하지만, 결론을 일반화시킬 수는 없다고 합니다. 어떤 물고기 종류는 기억하고 학습할 수 있다는 증거가 많이 있습니다. 중국에서는 수 세기동안 식사 때에 종을 쳐서 애완 잉어들을 불러

모을 수 있었습니다. 그리고 낚시를 좋아하는 사람이라면 누구든지 매일 같은 강변에서 미끼를 던지면 물고기들이 그 장소에 모이기 시작한다는 사실을 알고 있습니다.

일반적으로 동물의 뇌가 클수록 더 좋은 기억력을 갖고 있습니다. 한 실험에서 개코원숭이는 울타리 밖에 연구원이 숨긴 사과를 1시간이 지난 뒤에도 기억하여 찾아내었습니다.

'코끼리는 잊지 않는다.'는 말을 들어본 적이 있나요? 물론 이 말은 사실이 아닙니다. 하지만 어떤 사람들은 코끼리들이 매우 기억력이 좋다고 말합니다. 특히 자신의 주인에 대한 기억력이 대단하다고 하죠. 1830년에 뱁티스트 베른하르트라는 코끼리 조련사가 자신의 코끼리 중 한 마리에게 밟혀 죽는 일이 있었습니다. 그 사망사건에 대한 조사에서, 판사는 베른하르트 씨가 2년 전 자신을 학대한 것에 대해 코끼리가 복수를 한 것이라고 결론을 내렸습니다.

집 찾아오는 고양이

어느 날 토비라는 고양이가 가족과 함께 이사를 했습니다. 토비와 주인가족은 영국의 서쪽에 있는 콘월에서 남동쪽에 있는 켄트로까지 런던을 경유해서 기차를 타고 이사했습니다. 그렇게 먼 길을 이사한 다음날, 토비는 예전에 살던 집이 더 좋다고 생각했는지 콘월을 향해 집을 나섰습니다. 4개월 후 토비는 450km의 거리를 거쳐 콘월의 예전 집에 무사히 도착했습니다!

하지만 토비의 모험보다도 미국에 사는 토미라는 고양이의 모험이 더 놀랍습니다. 토미는 오클라호마 주에서 출발해서 1,600km 떨어진 캘리포니아의 집으로 찾아갔습니다. 이 일에는 18개월이 걸렸고, 토미는 사막을 두 개나 거쳤습니다! 과학자들은 아직 몇몇 동물들이 갖고 있는 귀소본능이 엄청난 기억력 덕분인지 아니면 다른 신비한 능력 덕분인지는 찾아내지 못했습니다.

동물들의 신기한 길 찾기

비둘기들은 집에서 멀리 떨어져 있어도 돌아가는 길을 기억할 수 있는 뛰어난 능력을 가지고 있습니다. 천년이 넘게 사람들은 비둘기들을 이용해 메시지를 전달해왔습니다. 특히 전장에서 메시지를 전달하는 데 유용했죠. 1940년에 럭키 라스라고 불리던 영국의 비둘기는 독일에 점령당한 프랑스에 요원과 함께 낙하했습니다. 요원과 비둘기는 은신처까지 걸어가서 빛도 보지 못하고 11일 동안 특급 기밀 정보를 전달하기 위해 기다렸습니다. 마침내 럭키 라스는 메시지와 함께 날아올랐고, 480km 떨어진 영국의 비둘기 집으로 돌아가 정보를 전달했습니다.

많은 새, 동물, 물고기 및 곤충 종들은 길고 험난한 여정을 통해 주기적으로 수백, 수천 마일을 커버하는 길고 위험한 여행을 합니다. 과학자들은 비둘기나 다른 동물들이 어떻게 길을 잘 찾는지에 대해 완전히 이해하지 못하고 있습니다. 하나의 이론은 동물들이 뇌에 자석이 있어서 지구의 자기장을 파악해 길을 탐색할 수 있다는 것입니다. 다른 이론은 비둘기들이 풍차나 높은 나무와 같은 집 주변의 명소들을 기억하는 것이라고 설명합니다.

동물 기억 실험결과들

한 동물에서 다른 동물에게 기억이 전달될 수 있다는 아이디어를 가진 한 동물학자는 플랫웜(납작한 모양의 편충)을 사용한 조금 징그러운 실험을 설계했습니다. 이 연구자는 먼저 플랫웜들은 조그마한 뇌를 가진 단순한 동물이지만, 빛을 향해 움직여 먹이 찾는 것을 배울 수 있다는 것을 발견했습니다. 한 그룹의 플랫웜들이 이 내용을 학습하자, 연구자는 이 플랫웜들을 죽여서 그 시체를 두 번째 그룹의 플랫웜들에게 먹이로 주었습니다. 놀랍게도, 두 번째 그룹의 플랫웜들은 따로 가르치지 않아도 빛을 향해 움직이면서 먹이를 찾을 수 있다는 것을 알게 되었습니다. 그렇다면 다른 동물의 '기억을 먹어서' 학습할 수 있다는 의미일까요? 이 과학자는 그렇게 결론을 내렸습니다. 하지만 이 실험을 재현한 다른 과학자들은 아무도 같은 결과에 도달하지 못했습니다. 여러분은 어떻게 생각하시나요?

병아리들을 대상으로 한 실험에서 병아리들은 단 한두 번 쪼아보는 것만으로 역겨운 맛을 내는 먹이를 구분할 수 있다는 점을 발견했습니다. 불쾌한 맛이 나는 것들은 몸에 안 좋은 것임을 뜻한다는 것을 아는 것은 매우 중요한 지식입니다. 러시아의 과학자인 파블로프는 개들을 대상으로 한 유명한 실험을 진행했습니다. 개들에게 먹이를 줄 때마다 파블로프는 종을 쳤습니다. 어느 정도 시간이 지나면 개들은 종소리와 식사시간을 연관 지어 생각하게 됩니다. 오래 지나지 않아 개들은 파블로프가 종만 치더라도 마치 음식이 앞에 놓인 것처럼 침을 흘리게 되었습니다.

어느 쪽 얼굴이 더 행복해 보이나요?

두 얼굴을 빠르게 본 뒤,

97쪽으로 돌아가세요.

다음 단계는 무엇인가요?

미래에는 사람의 뇌를 스캔하여 그 속에 들어있는 모든 기억을 읽을 수 있는 날이 오게 될까요? 누군가 우리 모두가 완벽한 기억력을 가지게 될 수 있는 어떤 법칙을 발견할 수 있을까요? 여러분의 뇌는 대체 어떤 방식으로, 예를 들면 둘째 고모와 어렸을 때 놀았던 기억을 어디다 어떻게 저장하는 것일까요? 특별한 화학식을 가진 분자형태로 저장될까요? 아니면 뇌에 엄청 작은 그림이 새겨지듯 남아있는 걸까요? 우리가 기억에 대해서 모르는 것이 너무 많아 이 질문들에 대한 답은 아무도 할 수 없습니다.

이런 질문들의 답을 찾는 일은 과학자들만 할 일은 아닙니다. 여러분은 이 책에 있는 실험들을 통해 이미 기억에 대해 연구하기 시작했습니다. 더 많은 실험들을 통해 여러분과 여러분 친구들의 기억에 대해 더 알아보면 어떨까요?

예를 들자면, 여러분은 기억들이 얼마나 오래 남아있는지 실험해볼 수 있습니다. 10개의 단어 목록(국가나 유명한 사람, 자동차 종류나 TV 프로그램 등 어떤 목록이든 될 수 있습니다)을 밤에 잠들기 전에 외우고 아침에 일어나서 얼마나 기억하는지, 그리고 1주일 후에는 얼마나 기억하는지 확인해보세요. 친구와 가족, 아니면 애완동물과 함께 할 수 있는 다른 실험들을 만들어보세요.

(주의사항 : 자원하는 분들께만 잘 설명하시고 실험해야 합니다. 상처받을 수 있기 때문이죠.)

여러분은 기억력 훈련을 통해 시간도 때우고, 친구들을 놀라게 하고, 또 시험에서 더 좋은 결과를 낼 수 있습니다. 또 여러분이 살고 있는 세상을 더 많이 활용할 수 있습니다. 가령 새로 만난 사람들에 대해 더 많은 정보를 기억할 수 있으면 다음번에 만날 때 대화거리가 많아질 수 있습니다. 좋은 기억력은 여행이나 특별한 날에 행복한 경험을 더 많이 만들게 도와줄 수도 있습니다. 더 많이 기억할 수 있으면, 기억이 더 또렷하게 떠오를 수 있을 테니까요.

여러분이 기억력을 어떻게 사용하든, 여러분의 머릿속에는 훈련되기를 기다리는 엄청난 기억장치—여러분의 뇌—가 들어있다는 사실을 **절대로 잊지 마십시오**! 지금부터 그 훈련을 시작해보면 어떨까요?

PART 3

기억술 Mnemonic이란 무엇일까요?

이 책의 1부에서 보았듯, 기억술이란 유용한 사실이나 정보를 기억하는 데 도움이 되는 운율이나 패턴을 활용한 암기법을 의미합니다. 영어로 기억술은 Mnemonic로, 영어사전에서 'mn'으로 시작하는 유일한 단어입니다. Mnemonic라는 단어는 그리스의 기억의 여신인 므네모시네의 이름을 따서 만들어졌습니다.

사람들은 매우 다양한 이유로 기억술을 사용합니다. 신발 끈을 묶는 방법부터 어려운 영어 단어를 외우거나 중요한 날짜나 국가의 이름을 배울 때도 씁니다. 평생 한 번도 기억술을 사용하지 않는 사람은 없습니다!

가장 좋은 기억술은 배우기 쉬운 것들이겠지요. 잘 만들어진 기억술들은 주로 반복하는 운율이 있거나 그런 패턴이 있거나, 특히 효과적인 것들은 여러분을 웃기기도 할 것입니다. 복잡하거나 재미없는 기억술은 이 책에는 넣지 않았습니다.

여러분은 스스로 놀랄 정도로 빠른 속도로 기억술을 배울 수 있을 것입니다. 다 외운 다음에는 여러분만의 기억술을 직접 만들어보세요. 직접 만든 기억술들이 제일 기억에 남는 법입니다.

여기 제가 제일 좋아하는 기억술 50가지를 모아보았습니다. 제일 유용하고 아마 여러분이 배우면서 즐거워할 기억술들입니다.

최고의 기억술

50

환상적이고 신기하고 놀라운

1 오른쪽, 왼쪽

어렸을 적에는 오른쪽과 왼쪽을 배우고 익히는 데 시간이 좀 걸립니다. 어른들도 어느 쪽이 오른쪽인지 순간 헷갈려 하곤 하지요.

여기 왼손과 오른손을 쉽게 구분할 수 있는 방법이 있습니다. 양손을 다음과 같이 앞에 내밀어보세요.

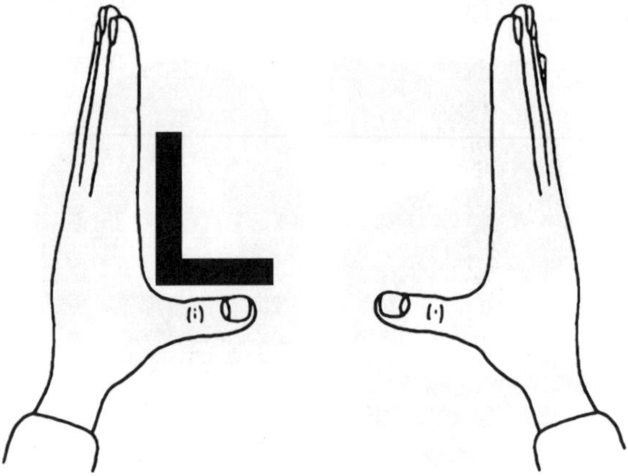

영어로 생각하면, 여러분의 **왼손(Left)**은 **L**자를 만들기 때문에 이 손이 왼손이 됩니다.
한글로는, 여러분의 **왼손**이 **왼**쪽의 **ㄴ** 받침을 만들기 때문에 이 손이 왼손입니다!

2 동서남북 → 북동남서

오른쪽과 왼쪽을 구분한 다음에는 동쪽과 서쪽, 남쪽과 북쪽을 구분할 수 있어야겠지요? 여기 방향이 영어로 표시된 나침반이 있습니다.
시계방향으로 북(North), 동(East), 남(South), 서(West)쪽입니다.

순서를 영어로 기억하는 데 유용한 한 가지 방법은 시작하는 위는 당연히 N이고, 반대쪽 아래는 S, 가운데가 어려운데 '우리'를 뜻하는 'WE'가 만들어진다고 기억하면 됩니다. (EW는 단어가 아니죠?) 영어권 학생들은 아래와 같이 시계방향으로 재밌는 문장을 만들어서 방향을 외웁니다.

N E S W: Never Eat Sour Watermelons

혹은

Naughty Elephants Squirt Water

* 우리는 '동서남북'이라고 하지만 이들처럼 시계방향으로 '북동남서'가 더 합리적인 것 같네요. 그러면 '북동남서'를 어떻게 외울까요?

북 동 남 서: '북한 동포여러분 남쪽 서울로 오세요.'

3 지도 좌표 읽기

여러분이 잠수함 안에 있고 앞에 지도가 있다고 생각해봅시다. 잠수함의 레이더가 여러분에게 (2,4) 위치에 적군 함정이 있다고 말해주고 있습니다. 적군 함정은 A와 B 중 어디에 있는 것일까요?

좌표를 읽는 방법을 기억하기 위해서는 여러분이 건물에 들어갈 때 어떻게 걷는지를 상기해보세요. 여러분은

바닥 아래(X축) 복도를 먼저 걸어간 다음
위쪽(Y축) 계단을 올라갑니다.

지도의 좌표(X,Y)를 읽을 때에도 먼저 복도를 쭉 걸어간 다음 올라가야 합니다. 그러면 적군 함정은 가로로 두 칸, 세로로 네 칸 위에 있습니다. 그럼 A겠죠. 어떤 지도를 읽더라도 헷갈릴 일이 없겠죠?

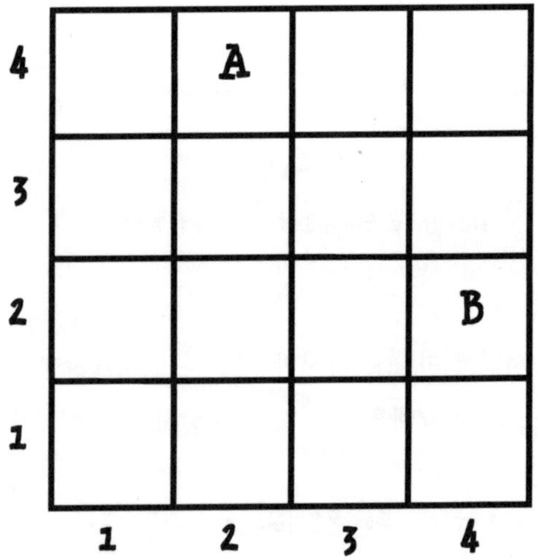

4 좌표 찾기

그래프에 점을 표시하는 것도 지도에서 좌표를 찾는 것과 같은 순서로 그리면 됩니다. X와 Y 축을 어떻게 그리는지 헷갈리신다고요?

이렇게 생각해보세요.

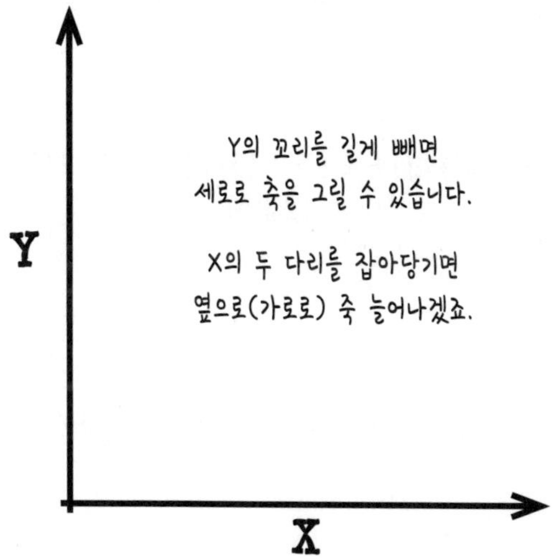

5 배의 전문용어 : 좌현PORT과 우현STARBOARD

선박용어로 왼쪽과 오른쪽을 좌현과 우현이라고 합니다. 한글로는 쉽지만 국제적으로 통용되는 용어는 PORT와 STARBOARD입니다. 어느 쪽이 왼쪽인지 헷갈립니다. 좌현, 우현을 국제용어로 쉽게 기억할 수 있는 방법은 다음과 같습니다.

PORT는 LEFT(좌현)이고 두 단어는 모두 4글자입니다.
STARBOARD는 RIGHT(우현)이고 두 단어는 더 깁니다.

보트의 좌현(Left)에 있는 표시등 빛은 적색(Red)이고, 우현은 녹색 빛이죠. 좌현 붉은색은 짙은 포도주 색으로 R과 L은 같은 발음으로 이것을 기억할 수 있습니다. 또는 선장님은 식사 후에 포트와인(포르투갈 산 유명와인)을 주로 마십니다. 포트와인(PORT)은 아주 붉은색(RED)이죠.

그러면 PORT(좌현)는 LEFT(좌현)에 RED(적색) 등
다 외운 것입니다.

6 조이고 풀기, 어느 쪽으로 돌려야 합니까?

다음은 나사나 밸브를 조이는 방향입니다.

오른쪽(시계방향)이 옳은 쪽!

오른쪽으로 돌리면 어떤 나사나 밸브를 조일 수 있습니다. 현관문을 열쇠로 잠글 때도 오른쪽으로 돌리면 됩니다.

7 테이블 위 빵과 물은 어느 쪽에 두어야 할까요?

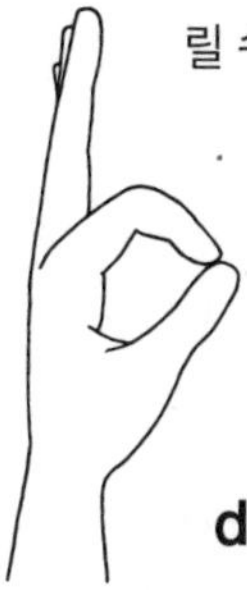

상을 차릴 때 밥과 국을 각각 어디에 둬야 할지 헷갈릴 수 있습니다. 그럴 때 양손의 엄지와 검지를 이용해서 이런 모양을 만들어보세요.

여러분의 왼손은 **b**를 만들기 때문에 **Bread** 즉, 밥 혹은 빵을 왼쪽에 두면 됩니다. 오른쪽은 **d**를 만들기 때문에 **drink** 즉, 국이나 음료 등을 놓는 쪽입니다.

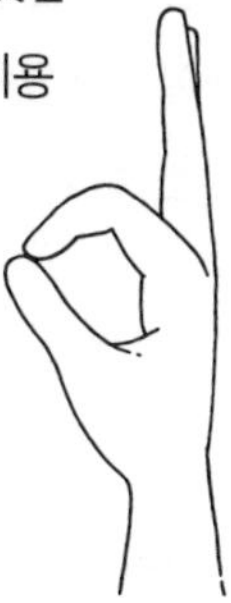

* 결혼식장 등에서 식사가 준비된 둥근 테이블에 여러 명이 둘러앉았을 때 내 빵과 물이 어떤 것인지 헷갈릴 때가 있죠? 이때는 '좌빵우물'을 기억해두세요. 왼쪽 빵과 오른쪽이 물이 내 것입니다.

레스토랑에서 식사할 때 **BMW 자동차**를 생각할 수도 있습니다.
Bread-Meal(식사)-Water 순서로 놓는 답니다.

8 체스 판 펼치기

체스 게임을 할 때 흰색 사각형이 어느 쪽에 가야 할지 헷갈린다고요?

WHITE is RIGHT.

화이트(하얀색) 이즈(is) 라이트(오른쪽)를 생각하세요.

('과' 발음이 비슷합니다.)

(양쪽 선수 모두에게 해당됩니다.)

9 일출과 일몰

여러분이 여행할 때 제대로 가고 있는지 확인하는 한 가지 방법은 태양이 어느 방향에서 뜨고 지는지 확인하는 겁니다. 태양이 동쪽에서 뜨고 서쪽으로 떨어진다는 것을 기억하는 것은 쉬운 일입니다.

똥 뜨거 서서 덜덜덜

우리나라는 대개의 세계지도를 기준으로 동쪽에 있다고 해서 '동방의 해 뜨는 나라'라고 불리기도 했습니다.

10 썸머타임

우리나라는 아니지만, 많은 국가들에서는 햇빛을 최대한 활용하기 위해서 매해 두 번씩 시계를 한 시간씩 이동합니다. 이것을 '썸머타임'이라 부릅니다. 봄과 가을에 어떻게 시침을 옮겨야 하는지는 다음과 같은 규칙으로 기억하면 쉽습니다.

'춘전의 후추(春前後秋봄앞가뒤)'로 외우세요.
Spring FORWARD, Fall BACK.

봄에는 한 시간 앞으로, 가을에는 한 시간 뒤로 시침을 움직여서 썸머타임을 설정합니다.

11 7월은 큰달 31일인가? 작은달 30일인가?

1월은 31일, 2월은 28일 … 1년의 각 달에 각각 며칠이 있는지 대답할 수 있나요?

가장 좋은 방법은 양 손 주먹을 사용하는 것입니다. (한국에서는 한손을 이용하지요.)

양손 주먹을 쥐고 아래와 같이 봅니다. 왼손 새끼손가락 관절뼈가 올라간 부분부터 1월을 세기 시작해서 순서대로 새끼와 약지 사이의 옴폭한 곳이 2월, 왼손 약지 주먹관절뼈 올라온 부분이 3월 … 하다보면 오른손 세 번째, 약지 관절뼈 올라온 부분에서 12월이 끝납니다. 이때 관절뼈가 올라온 부분들은 31일이 있는 큰달이고, 관절뼈 사이사이 옴폭 들어간 부분들은 30일이 있는 작은달입니다. 2월은 평소에 28일이다가 4년에 한 번씩 29일인 작은달에 속합니다.

이때 주먹과 주먹 사이의 빈 공간은 세지 않습니다. (왼손은 1~7월, 오른손은 8~12월)

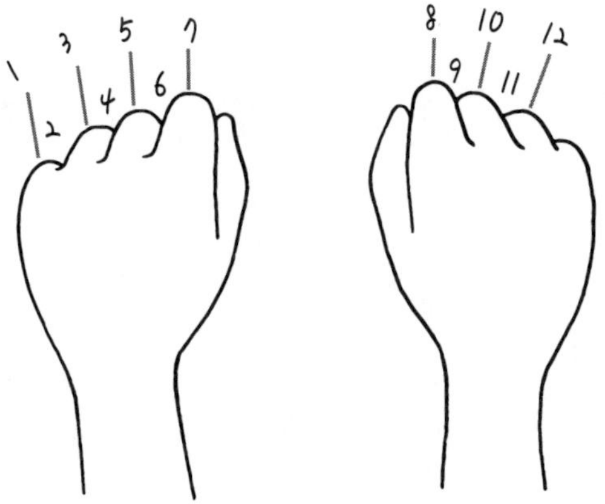

12 초승달과 그믐달?

28일을 주기로 달은 점점 커지고 점점 작아지다가 사라집니다. 달이 커지기 시작하는 가느다란 손톱모양을 초승달이라고 하고, 달이 점점 작아지면서 사라지기 직전 손톱 C 모양을 그믐달이라고 합니다. 하늘을 올려다봤을 때 떠 있는 조그마한 달이 초승달인지 그믐달인지 어떻게 알 수 있을까요?

우리나라처럼 북반구에 있는 나라에서는 달이 오른쪽에서 자라나고 왼쪽으로 지기 시작합니다.

원의 오른쪽에 달이 있으면 뜨기 시작하는 초승달이고, 원의 오른쪽에 아무것도 없고 C 모양이면 지고 있는 그믐달입니다. 혹은 손등이 보이게 손을 펴고 왼손 엄지손톱 같이 오른쪽이 보이면 초승달, 오른손 엄지손톱같이 왼쪽이 보이면 그믐달.

13 행성

미국 대학시험문제 : 토성과 목성 중에 지구와 더 가까운 행성은 무엇일까요? 우리는 '수금지화목토천해명' 하고 간단하게 외웠죠! 앞으로 유학갈 사람은 영어로 외워야 해요.

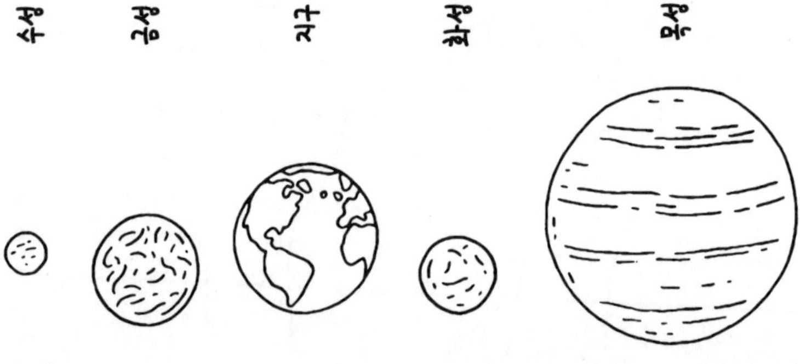

Mercury Venus Earth Mars Jupiter
Saturn Uranus Neptune Pluto

아래 두 개의 앞글자만 딴 간단한 문장은 태양으로부터 멀어지는 행성의 순서를 영어로 기억하는 데 도움이 될 것입니다.

My Very Eager Mother Just Served Us Nine Pizzas.

이것은 대개 태양으로부터의 행성의 순서입니다만 명왕성 궤도가 이상해 때때로 명왕성이 해왕성보다 태양에 더 가까울 때도 있습니다. 그래서 명왕성이 태양계 행성이라는 것을 의심하는 학자들도 있습니다. 맞으면 명왕성께 죄송하고요!

* 2006년 8월, 국제천문연맹(IAU)에서 명왕성은 행성이 아니라고 발표했습니다. 명왕성의 크기가 달 크기의 3분의2밖에 되지 않는다는 사실과 공전 궤도도 아주 길쭉한 타원으로 가끔 해왕성의 궤도 안쪽으로 들어가기 때문입니다.

Saturn Uranus Neptune 마지막 세 개의 행성 순서는 SUN이기도 합니다.

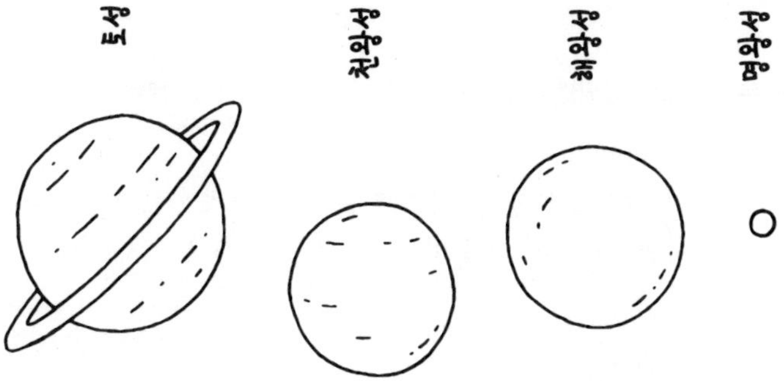

14 일기 예보

야외에서 일하는 직업을 가진 사람들(예를 들면 농부들)은 날씨를 예측하는 방법들을 알고 있습니다.

옛날 성경에도 나온 유명한 속담을 기억하세요.

붉은 밤하늘은 양치기의 행복이고,
붉은 아침은 양치기의 경고다.

혹은 '별이 밝게 빛나면 추운 밤이 찾아온다.'라는 속담도 있습니다.
별들이 밤에 밝게 빛난다는 것은 땅을 포근하게 덮어줄 구름이 없다는 뜻이기 때문입니다.

맑은 날을 기다리는 사람들은 이런 말을 씁니다.

풀에 이슬이 비대신 맺힌다.

이슬이 맺히는 날에는 비가 오지 않을 것이라는 말이네요.

동물들은 우리보다 날씨를 더 잘 예측할 수 있습니다. 그러니 다음을 기억하세요.

소들이 오랫동안 누워 있다면 곧 비가 내릴 것이다.
새들이 바다에서 육지로 날아들면 곧 폭풍이 친다.

15 무지개

비가 내릴 때 햇빛도 함께 비친다면 무지개가 보입니다. 무지개는 여러분이 태양을 등지고 있을 때 볼 수 있습니다. 공중에 있는 물방울이 햇빛을 스펙트럼으로 분산시키기 때문에 우리가 무지개의 알록달록한 색깔을 볼 수 있는 거지요. 유명한 과학자인 뉴턴은 1704년에 무지개의 여러 색깔을 구분할 수 있었습니다. 어떤 사람들은 뉴턴 본인은 다섯 가지 색깔(빨강, 노랑, 초록, 파랑, 보라)밖에 구분하지 못했지만 뉴턴보다 눈이 좋았던 그의 연구보조가 주황과 남색을 추가했다고 전합니다. 무지개의 모든 색은 위에서부터 영어로 다음과 같습니다.

Red Orange Yellow Green Blue Indigo Violet

우리는 이 순서를 '빨주노초파남보'라고 초등학생들도 간단히 외우지만 영어로 외울 사람은 아래 방법으로 외워보세요.

Richard Of York Gave Battle In Vain.

(리처드 요크는 헨리 7세와의 전투에서 패한 영국 왕 리처드 3세였습니다.)

그냥 사람 이름으로 외우는 방법도 있습니다.

ROY G. BIV

16 북아프리카 국가들

아프리카 대륙의 북쪽 국가들은, 서쪽에서 동쪽 순서로 모로코Morocco, 알제리Algeria, 튀니지Tunisia, 리비아Libya, 그리고 이집트Egypt입니다. 앞 글자만 딴 아래 문장을 기억하세요. (그냥 영어로 외워도 쉬울 것 같습니다.)

Many African Tourists Like Elephants.
(많은 아프리카 투어에는 라이온과 엘리판츠)

17 미국 서부

미국에는 50개의 주가 있고, 각 주의 이름을 외우기 위한 방법이 여러 가지 있습니다. 서부에 있는 주들은 한 단어만 기억하면 외울 수 있습니다.

WONC (웡크, 그냥 외우세요)

워싱턴(Washington)
오레건(Oregon)
네바다(Nevada)
캘리포니아(California)

하지만 '네바다'는 '바다'에 닿지 않는다(노바다)는 것을 기억해야 합니다!

18 미시시피 강

미국에서 가장 긴 강은 미시시피 강입니다. 영어로 미시시피를 쓰면 Mississippi인데, s와 p를 최대한 많이 넣으면 틀리지 않고 쓸 수 있습니다. 미시시피 강의 왼쪽에 있는 주들은 '미아미알루'라고 줄여서 말할 수 있습니다.

미네소타, 아이오와, 미주리, 알칸사스, 루이지애나를 지나기 때문입니다.

MIMAL

미네소타
아이오와
미주리
알칸사스
루이지애나

미시시피 강 왼쪽에 있으니까 왼쪽 글자 미아미알루만 외우면 쉽습니다.

19 세계 7대 강

세계에서 가장 긴 강들의 이름을 알고 계신가요? 대부분 다음 7개의 강들이 제일 길다는 것에 동의하지만, 그 순서는 어떻게 재느냐에 따라 달라진다고 합니다. 그래도 다음의 순서대로 외우면 웬만큼 비슷한 순서로 기억할 수 있습니다.

나일강 NILE(주로 이집트를 지남)

아마존강 AMAZON(주로 브라질을 지남)

미시시피강 MISSISSIPPI(미국)

양쯔강 YANGTZE(중국)

예니세이강 YENISEY(러시아)

황하 YELLOW(중국)

오브강 OB(러시아)

이 강들의 첫 자를 거꾸로 써보면: **OYYYMAN**

이것은 '**Oh Three Wise Man**'이라고 기억할 수 있습니다.

20 길이와 무게

길이와 무게를 피트나 야드, 파운드법에서 미터법으로 바꾸는 방법을 잘 알고 있나요?

매우 복잡하죠. 랩 운율을 이용해서 대체로 상대적 크기를 가늠해 놓으세요. 외국 슈퍼마켓에서 도움이 됩니다.

1피(Feet)는 삼공센(30.48cm) / 1야(Yard)는 일미(0.9144m)

1핀(PINT)은 반리(0.568ℓ) / 1파(Pound)는 반킬(0.45kg)

21 마일(Mile)과 야드(Yard)

1타쌍피, 한 기억술로 두 가지 정보를 기억할 수 있습니다:

영국 야들이 산업혁명으로 스마일

산업혁명 = 1760년(야드) = 1마일

1760야드가 1마일입니다. 1760년은 역사서에 대체로 영국에서 산업혁명이 일어났다고 하는 해입니다. 5년 후 와트가 증기기관을 만들었고요. 16년 후 미국은 독립을 했습니다.

22 섭씨와 화씨

우리나라에서 사용하는 섭씨온도를 화씨로 어떻게 변환하는지 알고 계신가요? 복잡한 방법은 섭씨에 9를 곱하고 5로 나눈 뒤 32를 더하는 것입니다. 하지만 일기예보나 방 온도를 맞출 때마다 이런 복잡한 방법을 쓰는 것은 매우 귀찮은 일입니다. 약간 오차는 있지만 다음 방법을 쓰면 대충 어림할 수 있습니다.

섭씨에서 화씨 : 두 배를 한 다음 30을 더합니다.

화씨에서 섭씨 : 30을 뺀 뒤 반으로 나눕니다.

섭씨 10도와 화씨 50도에서 이 계산은 정확하게 들어맞습니다!

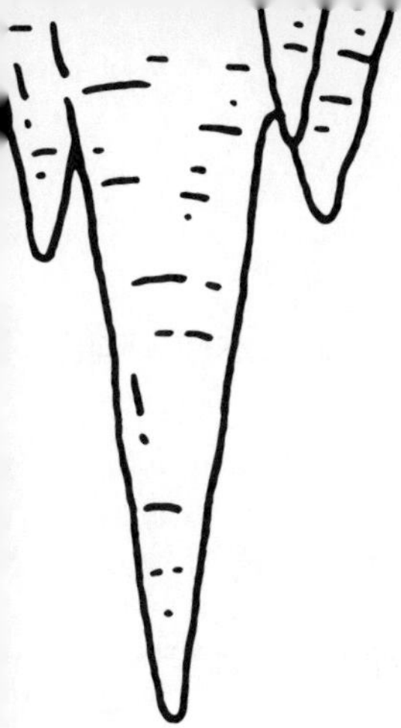

23 석순StalaGmites과 종유석StalaCtites

석순은 식물의 싹순, 종유석은 별똥별 유성 같이

StalaGmites는 Ground(바닥)에서 올라오고,

StalaCtites는 Ceiling (천장)에 매달리고!

어떤 사람들은 이렇게 외우기도 합니다.

Mites(진드기)은 바닥에서 기어오르고,
Tights(스타킹)은 줄에 매달리고.

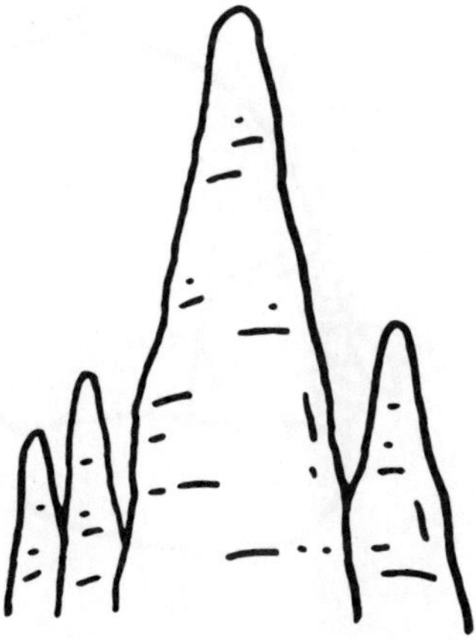

24 벌이나 말벌에 쏘이면?

꿀벌과 말벌의 독침은 각기 다른 화학물질로 되어있기 때문에, 쏘였을 때 다른 약품을 발라야 합니다.

꿀벌에 쏘이면 '달콤한 탄산음료'를 기억해서 중탄산염(소다수)을 바르고,

큰 말벌에 쏘이면 '식초를 먹으면 키가 큰다고' 식초를 바르면 좋습니다.

25 비타민 섭취 방법

균형 잡힌 식단은 필수 비타민 A, B, C, D 네 가지를 포함해야 합니다. 각 비타민은 다음에서 찾을 수 있습니다:

비타민 A : 에이, 당근이지!

해조류와 당근에는 비타민 A가 많이 들어있습니다.

비타민 B : 비읍으로 시작하는 빵(Brown Bread)과 버터

비타민 C : 신 감귤류 과일!

비타민 D : 뒷마당 햇빛에서

비타민 E : 이도 중요한데 이 세상 모든 음식에서 찾기 쉽습니다.

26 사과와 배

정원에 과일 나무를 심고 처음 맞는 여름에 열매를 얻을 수 있으면 매우 운이 좋은 것입니다. 때로는 나무가 첫 열매를 맺을 때까지 수년이 걸리기도 합니다. 사과나무는 나무가 어릴 때부터 과일이 열리지만, 배나무는 몇 해가 지나야 열매를 얻을 수 있습니다.

그래서 농부들에게 오래된 말이 있습니다.

나를 위해 사과를 심고
자식을 위해 배를 심는다.

아무 곳에서나 잘 자라는 옥수수에 대해서는

칠월칠석이면 옥수수 출석!

27 낙타를 아시나요?

우리나라는 모두 낙타로 통용하지만, 영어로는 혹이 하나인 단봉낙타Dromedary와 혹이 두개인 쌍봉낙타Bactrian로 구분합니다.

단봉낙타는 주로 중동지방에 살며 아라비안 낙타라고도 합니다. 쌍봉낙타는 털이길고 주로 몽골 중국 북부에 있습니다.

쌍봉낙타인 박트리아Bactrian는 B로 시작하기 때문에 혹이 두개 있고, 단봉낙타인 드라마데리Dromedary는 D로 시작해서 혹이 하나밖에 없다고 기억하세요.

낙타를 영어로 꼭 구별해 두시고 언젠가 써먹으면 친구들과 선생님도 놀랄 겁니다.

28 코끼리 아저씨

아프리카코끼리와 인도코끼리를 구분하고 싶나요?

아프리카코끼리는 귀가 커서 아프니까,
인도코끼리는 귀가 작아 안도할 수 있습니다!

(물론 코끼리들이 진짜 귀가 커서 아픈 것은 아니니까 걱정 안 해도 됩니다!)

29 공룡의 세계!

공룡들이 살았던 선사시대는 세 개로 나뉘어져 있습니다. 순서대로:

트라이아스기Triassic

쥐라기Jurassic

백악기Cretaceous

트집잡**쥐** 마시쥬 **백**종원, 혹은 **터지**는 샌드**백** **트쥐백**을 떠올려서 순서대로 기억할 수 있습니다.

영어로는 'Tyrannosaurus Jaws Crunch'(티아노사우러스 죠스 크런치) 하고 기억한답니다.

30 헨리 8세, 영국에서 가장 유명한 왕

헨리 8세가 유명한 왕이었던 이유는 여러 가지가 있지만, 그를 가장 유명하게 한 것은 그가 결혼을 여섯 번이나 했다는 점입니다! 헨리 8세는 두 명의 부인과는 이혼했고, 한 명은 사망했고, 두 명은 그의 명령으로 사형 당했고, 한 명의 부인만이 그보다 오래 살았습니다. 순서대로 헨리 8세의 부인들은

아라곤의 캐서린Catherine of Argon
앤 볼린Anne Boleyn
제인 시모어Jane Seymour
클리브스의 여왕Anne of Cleves
캐서린 하워드Catherine Howard
캐서린 파Catherine Parr

'캐서린 앤 제인클리브 캐서린 캐서린 파' 이렇게 외우세요.

다음은 그들에게 일어난 일을 순서대로 알려주는 운입니다.

이혼, 참수, 죽고,
이혼, 참수, 살았다!

캐서린 파Catherine Parr가 왕과 가장 행복하게 살았다는 것을 기억하는 방법은 끝 이름 파(Parr)를 멀다(Far)로 기억하세요 : Catherine Parr 멀리 갔다.

캐서린 파가 해피엔딩을 맞이했음을 기억하는 방법이 있습니다.

캐서린 파,

계속 파이팅 했어.

뭘 이런 걸 다 외우냐고요? 글쎄요? 남이 생각지도 못한 것을 알고 있으면 더 놀랍지 않겠어요?

31 귀족 계급

영국의 계급들도 외워두면 영화를 볼 때 이해하기 쉽습니다. 영국의 가장 중요한 계급은 왕, 여왕, 왕자, 공주 순서입니다.

그 이후 순서는 다음과 같습니다.

공작 Duke

후작 Marquis

백작 Earl

자작 Viscount

남작 Baronet

이 순서를 한글로 기억하는 방법은 '공후백자남'입니다.

그런데 우리는 영어로도 외워야겠죠!

'두마얼비스바론'

영미학생들은 'Dear Me, Even Viscounts Burp'

32 조선의 왕들

1392년에서 1910년까지 5백년간 조선의 왕은 모두 27대인데 순서는 초등학생 만 되어도 자연스럽게 외웁니다.

태정태세문단세 / 예성연중인명선 / 광인효현숙경영 / 정순헌철고순

태**조**	정종	태종	세종	문종	단종	세**조**
예종	성종	연산**군**	중중	인종	명종	선**조**
광해**군**	인**조**	효종	현종	숙종	경경	영**조**
정**조**	순**조**	헌종	철종	고종	순종	

문제는 조와 종이 헷갈리는데 의미는 다음과 같습니다.

조 나라의 시조나 공이 많은 왕

종 덕으로 나라를 잘 다스리고 문물을 융성케 한 왕

군 왕위에서 쫓겨나 폐위된 왕

태조 세조 선조 영조 정조 순조 6명이 **조**, 세 글자인 연산군 광해군을 제외한 나머지 19왕은 모두 **종**으로 끝난다고 외우면 됩니다.

조선시대 주요 역사적 사건은 다음과 같습니다.

태조 1392년에 조선 건국

정종 즉위 2년 만에 왕위를 물려주고 상왕이 됨

태종 왕자의 난으로 왕위에 오름

세종 훈민정음 창제

문종 재위 기간 약 3년

단종 12세에 즉위했다 수양대군에게 왕위를 물려줌

세조 왕권 강화

예종 경국대전 완성

성종 경국대전 편찬

연산군 중종반정으로 폐위

중종 반정으로 즉위

인종 기묘사화로 없어진 현량과 부활

명종 을사사화, 정미사화, 을유사화 등 변고를 많이 겪음

선조 임진왜란 발발

광해군 임진왜란을 잘 이겨냈으나 인조반정으로 폐위

인조 반정으로 즉위했으나 이괄의난, 병자호란, 정묘호란을 겪음

효종 청나라에 볼모로 잡혀갔다 돌아온 후 즉위

현종 전라도에 대동법 실시

숙종 대동법 전국 실시, 백두산정계비 세움

경종 장희빈 소생

영조 탕평책과 균역법 시행, 신문고 부활

정조 실학 발전 및 조선의 문화적 황금기

순조 안동김씨 세도정치 시작, 신유사옥 등 천주교 탄압, 홍경래의 난

헌종 기해사옥으로 천주교 탄압

철종 강화도령, 안동김씨 세도정치 극에 달함, 민란 자주 발생

고종 대한제국 창설, 임오군란

순조 1910년 일본에 나라를 빼앗김

33 대한민국 역대 대통령

다음은 한국의 역대 대통령 이름과 재임기간입니다.

제1~3대 대통령	이승만	1948.07~1960.04
제4대 대통령	윤보선	1960.08~1962.03
제5~9대 대통령	박정희	1963.12~1979.10
제10대 대통령	최규하	1979.12~1980.08
제11~12대 대통령	전두환	1980.09~1988.02
제13대 대통령	노태우	1988.02~1993.02
제14대 대통령	김영삼	1993.02~1998.02
제15대 대통령	김대중	1998.02~2003.02
제16대 대통령	노무현	2003.02~2008.02
제17대 대통령	이명박	2008.02~2013.02
제18대 대통령	박근혜	2013.02~2017.03
제19대 대통령	문재인	2017.05~

'태정태세…' 하며 조선의 왕 외우는 것처럼 7개자씩 운율을 주어 외우면 의외로 잘 외워집니다. 먼저 성만 따서 '**이윤박최전노김/김노이박문재인**' 이름이 낯선 분들은 '이승윤보박정희/최규전두노태우/김영김대노무현/이명박근문재인'을 외우시고, 시작년도는 따로 외우세요.

48606379 / 80889398 / 03081317

ㄴㅍㅂㅇㅂㅅㅈㅋ / ㅍㅇㅍㅍㅋㅅㅋㅍ / ㅇㅅㅇㅍㄱㅅㄱㅊ

(각자 문장으로 만들어 외워보세요)

* 가장 오랜 기간 재임한 대통령은 박정희 대통령으로 1963년부터 79년까지 17년간, 다음 초대 이승만 대통령이 1948년 대한민국 정부 수립과 함께 시작해 13년간, 다음 전두환 대통령으로 1980년에서 88년까지 9년간이었습니다.

34 콜럼버스

세계사를 배울 때 중요한 날짜 중에 하나는 콜럼버스Christopher Columbus가 대서양을 건너 미국 대륙에 도착한 일입니다. 그로부터 100년 뒤, 우리나라에서는 1592년에 임진왜란이 시작되었습니다.

이렇게 외우면 쉽겠네요 :

바다왕 콜럼버스 천사(14) 되어 구이(92) 먹고

바다왕 이순신(임진왜란)은 백년 뒤 시작되다.

35 런던의 끔찍한 재해들

1665년에 런던에서 일어난 대역병으로 10만 명이 사망했습니다. 그 다음해에, 한 빵집에서 시작된 불이 번져서 도시가 거의 불타버렸습니다.

일육육오(1665), 오염된 도시

일육육육(1666), 육지는 불타네

36 달 착륙

1969년 7월 20일 최초의 유인우주선 아폴로 11호가 달에 착륙했다. 여기에는 세 명이 타고 있었는데 순서대로 A, B, C로 기억할 수 있습니다.

A, B, C

A는 암스트롱Armstrong, B는 버즈Buzz (올드린Aldrin), C는 달의 표면은 밟지 않은 콜린스Collins입니다.

아폴로 11호를 쉽게 Apo**ll**o로 기억할 수 있습니다.

37 로마제국의 지도자들

로마제국의 첫 황제는 줄리어스 시저였습니다.

여러분은 로마의 초기 지도자들의 이름을 이렇게 기억할 수 있습니다:

시에서 **마**음껏 **아**이스**티**와 **칼**국수를 **클**리어 할 수 있**네**!

줄리어스 **시**저Julius Caesar
마크 앤토니Mark Anthony
아우구스투스Augustus
티베리우스Tiberius
칼리굴라Caligula
클라우디우스Claudius
네로Nero

38 로마 숫자

로마인들은 숫자를 나타내기 위해 로마 숫자를 사용했습니다. 오늘날에도 가끔 로마 숫자를 사용하기도 하죠.

I = 1

V = 5

X = 10

L = 50

C = 100

D = 500

M = 1000

문장으로 만들면 아래처럼 될 수도 있네요.

It's Very X-citing! Lucky Cats Drink Milk.
(잇츠 베리 익싸이팅 럭키 캣츠 드링크 밀크.)

39 도레미파솔라시도? CDEFGABC?

우리가 흔히 쓰는 계이름(계명) '도 레 미 파 솔 라 시 도'는 Do Re Mi Fa Sol La Si Do인 이탈리아 말로 1025년경 귀도 다레초Guido d'Arezzo라는 수도승이 만들었고 합니다. 미국이나 영국 독일 등에서 위 계명을 음이름으로 'C D E F G A B C'라 붙였고, 우리나라에서도 교육을 위해 같은 순서대로 '다 라 마 바 사 가 나 다'로 결정했습니다.

그래서 계이름, 음이름, 사실 좀 어렵고 복잡해졌습니다. 그러나 음악시험을 본다거나 악기 무엇보다 기타 코드를 배우려면 잘 외워서 체득(술술암송)하는 것이 중요합니다.

계이름(음이름)

도(C, 다) 레(D, 라) 미(E, 마) 파(F, 라) 솔(G, 사) 라(A, 가) 시(B, 나) 이것을 어떻게 외워야 할까요?

오래전 기타를 배울 때 저는 이렇게 외웠습니다. 아직도 선명하게 기억하고 있죠.

C 도(다) : 이것은 첫 번째니 외우기 쉬었죠. 다는 도와 비슷하니 저절로 되었습니다.

D 레(라) : 이것은 '데데데-레' 하고 외웠습니다. 레와 라도 비슷하니 외우기 쉬웠습니다.

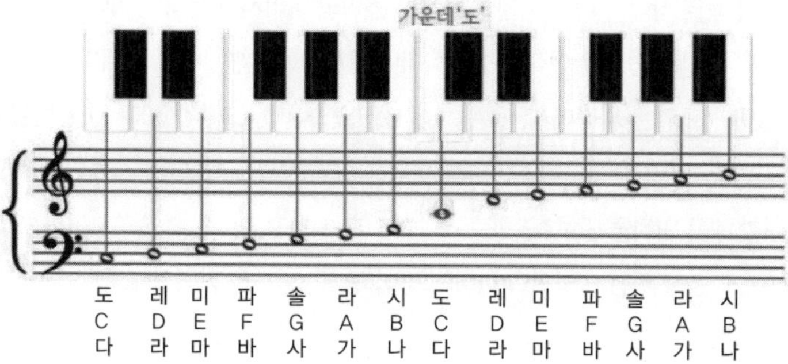

E 미(마) : 이것은 '이미이미' 하고 외웠고, 마도 미와 같은 자음이니 저절로 되었습니다.

F 파(바) : 이것은 에프의 프와 파가 같고, 파와 바는 비슷합니다.

G 솔(사) : 이것은 '졸졸졸 솔솔솔' 하였고, 솔과 사는 같은 자음 ㅅ이지요.

A 라(가) : 이것은 같은 모음 ㅏ이고, A는 첫 번째니 당연히 가입니다.

B 시(나) : 이것이 가장 안 외워졌는데, '시B나 걸고' 하고 외웠습니다.

* 그런데 도레미를 ABC…로 시작하면 편할 텐데 왜 CDE…로 시작했을까요?
근래에 들어와 각종 악기마다 음의 높이를 통일하기 위하여 세계 공통으로 통일된 규칙을 만들었는데 1초간 440Hz의 진동수를 가진 음을 국제표준음 A로 정했으며, 이 음은 La였다고 합니다. 따라서 La(A) Si(B) Do(C) Re(D) Mi(E) Fa(F) Sol(G) 순서가 되었고, 도레미…는 CDE…가 된 것입니다.

40 바흐(1685~1750)와 헨델(1685~1759)

17세기 독일 작곡가 바흐와 헨델을 각각 음악의 아버지와 음악의 어머니라고 부릅니다. 그들의 음악은 아직도 결혼식이나 콘서트에서 연주되곤 합니다. 두 사람은 놀랍게도 같은 나라에서, 같은 해에 태어났습니다. 그런데 60여 년을 독일에서 활동했지만 한 번도 서로 만나지 못했습니다. 어쨌든 1685년, 그들이 태어난 위대한 해를 외워둘 만하죠.

바흐와 헨델은 먼저 음악의 아버지와 어머니라는 것을 기억하세요.

아버지어머니는 여섯 글자 6 바=8 와=5 그래서 1685

41 마네, 모네

클라우드 모네와 에두아루 마네는 19세기 프랑스에서 활동한 유명한 화가들입니다. 오늘날 두 화가의 그림은 매우 비싼 값에 거래됩니다. 두 명의 이름이 비슷해서 어떤 화가가 어떤 그림을 그렸는지 헷갈릴 수 있습니다. 이렇게 기억해보면 어떨까요?

마네(Manet)의 그림에는 **Man**이 들어갑니다.

마네의 그림에는 인물화가 많고, 특히 성인 남자가 주인공인 경우가 많습니다. 반면 모네는 정원이나 시골 풍경을 그린 작품이 많고, 사람이 등장하는 경우는 성인 남성이 아닌 아이들과 여인의 모습을 그린 것이 대부분입니다.

42 어려운 영문법 E 앞에 I

영단어의 철자를 기억하는 데 도움이 될 수 있는 시입니다. 영미권에서 아이들은 대부분 외우고 있죠. 단어 중 I와 E의 순서입니다.

If it rhymes with 'tree'
Then I before E
Except After C
대체로 IE 그러나 C 뒤엔 EI

예를 들면

f**IE**ld, ch**IE**f, ach**IE**ve, p**IE**ce은 I가 E 앞에,

rec**EI**ve, c**EI**ling, conc**EI**t는 E가 I 앞에 쓰입니다.

안타깝게도, 이 시가 항상 맞는 것은 아닙니다. C 뒤가 아닌데도

'이상하게 잡은' **Weird**(이상한)와 **Seize**(잡다)도 반대로 씁니다.

43 Stationary와 Stationery

a와 e 철자 하나 차이, 이 두 단어는 혼동하기 쉬운 단어입니다. 전자는 '움직이지 않는다'는 뜻이고, 후자는 종이나 봉투 같은 사무용품을 말하는 단어입니다. 어느 단어가 무슨 뜻인지 헷갈린다면 이렇게 생각해보세요.

a - p**AR**ked, c**AR**s are station**AR**y.

e - **E**nvelopes(봉투)는 Station**E**ry의 종류입니다.

이제 절대 틀리지 않겠죠?

44 어려운 영어 철자법 기억술

영어 단어들을 정확하게 쓸 수 있도록 도와주는 기억술은 아주 많아서 여기에 다 적을 수 없습니다. 또한 여러분도 직접 만들어볼 수도 있을 겁니다. 몇 가지의 예를 드리겠습니다.

A fri**END** is always there in the **END**.

(끝까지 같이 있는 것이 친구입니다.)

질문 : **DESERT**와 **DESSERT** 중 먹을 수 있는 것은?

답변 : De**SS**ert, 왜냐하면 디저트를 두 배로 먹을 수 있으니까!

Because(왜냐하면) : **B**ig **E**lephants **C**an **A**lways **U**nderstand **S**mall **E**lephants.

Diarrhoea(설사): **D**ash **I**n **A** **R**eal **R**ush. **H**urry **O**r **E**lse **A**ccident.

마지막으로

Necessary(필요하다): **N**ever **E**at **C**rabs, **E**at **S**almon **S**andwiches **A**nd **R**emain **Y**oung

* 마지막 기억술은 너무 어렵기 때문에 차라리 그대로 외우는 것이 나을 겁니다. 그래도 저는 necessary를 적을 때마다 저 기억술을 되뇌곤 합니다.

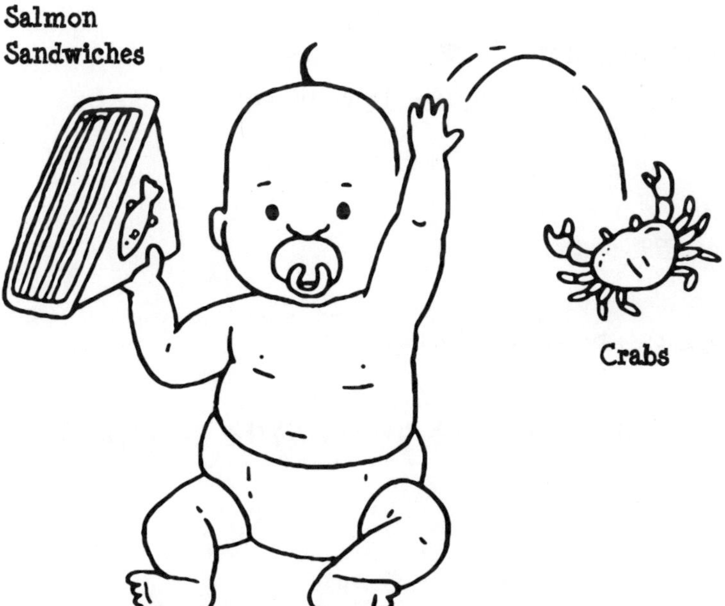

45 영어 편지 쓸 때 주의사항

언젠가 외국친구에게 영어로 편지를 써야 할 일이 있겠죠.

Dear Sir or Madam이라고 시작한다면

끝날 때는

Yours Faithfully,

라고 써야 합니다.

하지만 편지를 쓸 때

Mr, Mrs, 혹은 Dr에게 쓴다면

Yours Sincerely

라고 끝맺어야 합니다.

법칙은 S와 S는 함께 하지 못한다는 것!

즉, Sir과 Sincerely는 같이 쓰지 않는다는 것을 기억하세요!

46 π(파이) 기억하기

원 주위의 길이를 원주라고 합니다. 원의 반지름은 원의 중심에서 가장자리까지의 길이를 말합니다. 원주를 측정하는 공식은 다음과 같습니다.

지름×π 혹은 반지름×2×π

여기서 파이(π)가 무엇이냐고요? 파이는 3보다 크지만 소수점 아랫자리가 영원히 끝나지 않기 때문에 전체 숫자를 적을 수는 없습니다.

π=3.141592….

아래 기억술은 파이를 소수점 아래 6자리 숫자까지 외우는 데 도움이 될 것입니다.

영어로는

May I have a large container of coffee?
3 1 4 1 5 9 2 6

한글로는

'일사'분란하게 '일어(오)'나서 '구이'를 먹었다.
14 15 92

그냥 외우는 게 편하겠죠?

47 재미있는 8단

8×8=64는 먹고 먹어 배 아파 바닥에 구를 때까지

에잇(ate) 에잇(ate) (Till I was)
식스티 포(sick on the floor)

7×8은 5, 6, 7, 8을 기억하시면 됩니다. 즉, 56=7×8이 되지요.

48 신기한 9단

구구단의 9단을 쉽게 하려면 양손을 펼쳐 보세요.

예를 들어 9 곱하기 3을 하려면, 왼쪽부터 세 번째에 있는 손가락을 접은 다음에 접은 손가락의 왼쪽에 있는 손가락의 개수와, 접은 손가락의 오른쪽에 있는 손가락의 개수를 세어보세요.

왼쪽에는 2개, 오른쪽에는 7개가 있으니 9곱하기 3은 27입니다!

이 방법으로 9단을 모두 외울 수 있습니다.

그러니 9 곱하기 6은 5(왼쪽)와 4(오른쪽)을 합친 54가 됩니다. 신기하죠.

* 영미권에서는 구구단(multiplication table, times table)을 문장으로 외웁니다. 예를 들어 2×2=4를 우리는 '이이는사'로 외우지만 그들은 two times two is(equals)four처럼 문장으로 느긋하게 외웁니다.

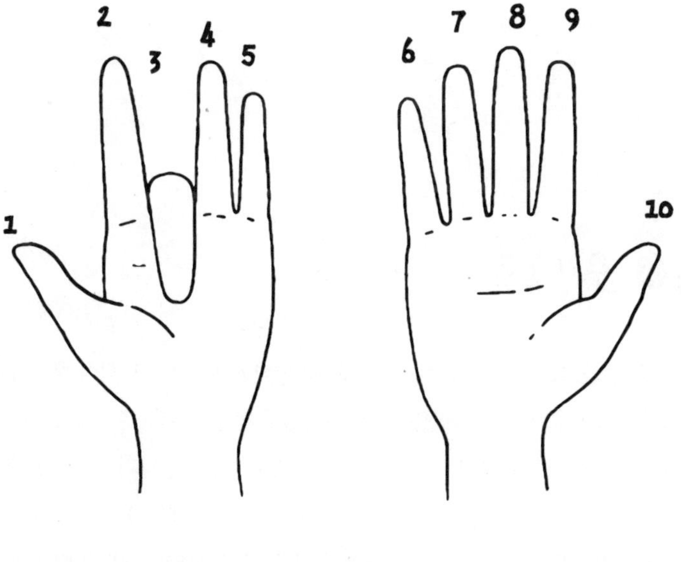

49 2의 제곱근 외우기

2×2=4이기 때문에 4의 제곱근이 2라는 사실은 누구나 쉽게 구할 수 있습니다. 반면 2의 제곱근은 약 1.414입니다. 외우기 까다롭죠. 그것을 기억하기 위해

"2의 제곱근? 난 모르는데 넌 아나보네?"

라고 쓴 다음 '난 모르는데 넌 아나보네'의 각 단어의 글자 수를 셉니다

난 모르는데 넌 아나보네
1 4 1 4

그렇다면 3의 제곱근(1.732)에 도전해봅시다.

"앗, 남아일언중천금 이라고 했어!"
1 7 3 2

50 주기율표 외우기

주기율표란 원소를 원자번호의 순서대로 배열하면서 물리적·화학적 성질이 비슷한 원소들이 같은 족으로 배열되도록 분류한 표를 말합니다. 주기율표에서 가로줄을 주기라 하고 위에서 아래로 1에서 7까지 번호를 매깁니다. 1주기 원소는 원자번호가 각각 1과 2인 H와 He의 2가지이며 1s 전자 궤도가 채워집니다. 세로줄(세로기둥)을 족이라고 하고 왼쪽에서 오른쪽으로 1에서 18까지 번호를 매

주기율표

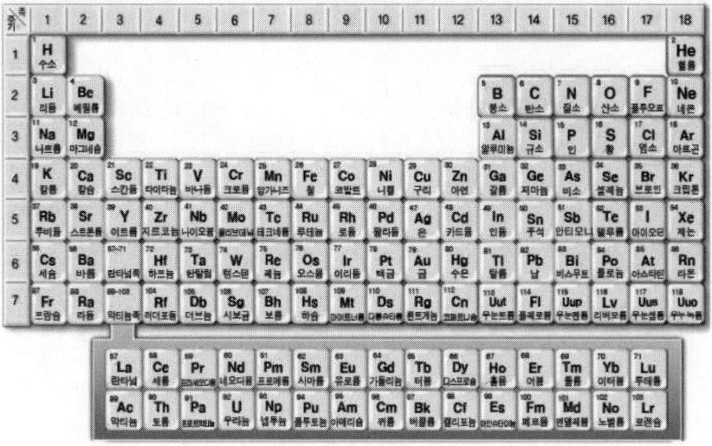

깁니다. 저 표 속의 원소들을 다 외울 필요는 없습니다. 세로줄 1, 2족과 금속 반응순서(금속 원자가 산화되어 양이온이 되려는 경향, 큰 순부터 작은 순)만 외우면 고등학교 때(대입) 나오는 원소는 거의 무난합니다. 대체로 우리나라 학생들은 다음과 같이 앞글자만 따서 한글로 쉽게 외웁니다.

주기율표를 족별(세로 1, 2족만 외우면 주기율표는 끝) :

수리나칼루세프 / 베마카스바라

H Li Na K Rb Cs Fr Be Mg Ca Sr Ba Ra

금속 반응성 순서(이거 중요합니다) :

카칼나마알아 / 철니주잡수 / 구수은백금

K〉Ca〉Na〉Mg〉Al〉Zn〉Fe〉Ni〉Sn〉Pb〉H〉Cu〉Hg〉Ag〉Pt〉Au

나만의 기억술 만들기

이제 이 책의 기억술들을 모두 읽어보았으니, 여러분들이 직접 기억술을 만들어 보세요! 아직 아무도 쓸만한 기억술을 만들지 못한 주제들이 수백 가지가 남아있습니다. 예를 들면 산맥 이름들, 영화배우들, 각 나라의 수도들, 축구팀들에 대한 기억술을 들어보지 못한 것 같네요. 어쩌면 여러분이 만들어낸 기억술을 모두가 사용하게 될지도 모르는 일입니다.

* 더 재미있는 기억술 있으면 출판사로 보내주세요. 채택되면 새로 책 찍을(재판)때 이름을 넣어드립니다.

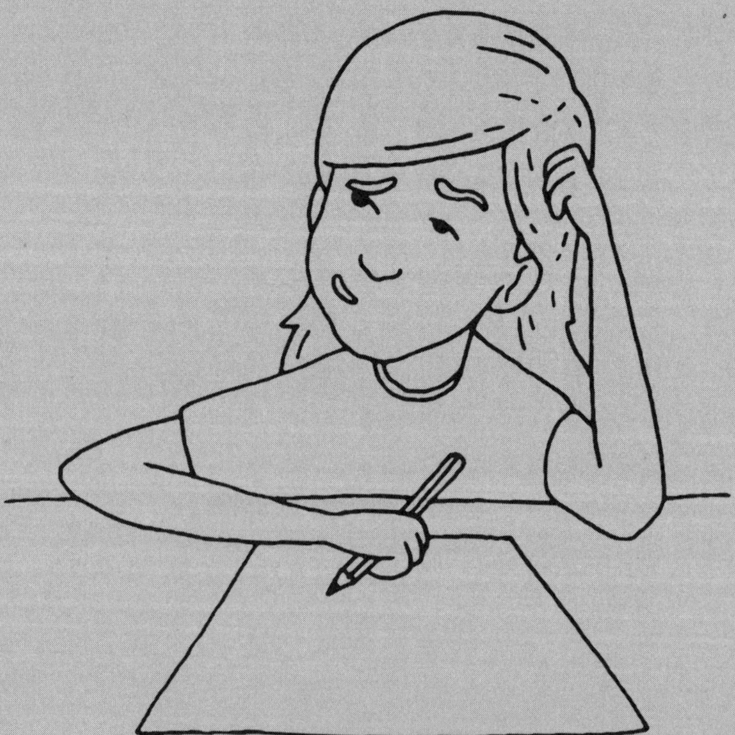

역자 후기

"어차피 나중에 일할 때는 다 보면서 할 수 있는데 왜 시험 볼 때는 다 외워야 하지?"

한국에서 학교를 다닌 학생이라면 누구나 한번쯤은 궁금해 했을 것이다. 회계사들은 계산기를 옆에 두고 계산하고, 법관들은 재판정에서도 법률책을 뒤적거릴 수 있고, 운전기사들도 다 지도를 보는데 학생인 죄로 나만 시험범위를 하룻밤 만에 (물론 시간이 하룻밤만 남은 건 내 탓이지만) 외워서 시험을 봐야 하는 것은 정말 불공평하기 짝이 없다.

그런 불만이 우습게도 요즘 내가 대화에서, 글에서, 수업에서 써먹는 넓고 얕은 지식은 그때 그 시절, 그렇게 구시렁거리면서 외웠던 것들이 태반이다. 정종이 무슨 업적을 남겼는지는 까먹어도 일단 머릿속에 집어넣은 태정태세문단세…는 잊으려 해도 잊히지 않고 알싸한 첫사랑의 추억처럼 남아있다.

그것도 잘 생각해보면 독특한 방법으로 기억했던 정보들이 더 기억에 오래 남아있다. 중학교 3학년 때 국사공부를 하면서 최치원이라는 이름이 도저히 안 외워져서 당시 제일 친했던 친구의 이름을 전화번호부에서 '6두품 최치원'이라고 바꿔서 저장해놓았는데, 덕분에 시험에서는 물론이고 지금까지 신라시대에 대한 그 어떤 정보보다 최치원이 6두품이었다는 사실만은 또렷하게 기억하고 있다.

저자는 이처럼 자신만의 기억법을 만드는 것이 기억력 증진에 가장 도움이 된다고 말한다. 아마 이 책의 독자들도 자신만의 기억법을 만들어서 정보를 "내 마음속에 저~장!"한 적이 있을 것이다. 나만의 방법이 생각나지 않는 사람들을 위해 이 책은 다양한 방법을 소개하고 있다. 혼자서 혹은 친구들과 함께 해볼 수 있는 재미있는 실험들도 많이 담겨있으니 한 번씩 해보시기를….

이 책은 영어를 사용하는 영국의 독자들을 위해 만들어졌기 때문에, 원문에는 기억법도, 또 담고 있는 내용도 한국 독자들에게는 공감이 잘 되지 않는 내용들이 꽤 있었다. 영국왕 족보 외우기를 조선왕 외우기로 바꾸는 등 한국 독자들에게 더 도움이 되는 번역을 하기 위해 머리를 싸매고, 주변에 조언도 많이 구했다. (이 자리를 빌려 함께 고민해준 친구 문영란에게 감사를 표한다.) 최대한 원작의 의도를 살렸지만, 결과적으로 1~2부에서는 주로 예시들을 손보고, 3부에서는 소개된 기억술의 일부를 새로 만들거나 완전히 바꾸어 창작했다. 너무 재미없어지지 않았기를 바란다.

기억이란 참 놀라운 것이어서, 이 책의 기억술도 자주 훈련해주지 않으면 까먹게 될 것이다. (역자 본인도 이 책을 번역을 하는 중간 중간에 '어디까지 했더라?'라고 되새겨야 했다.) 아쉽게도 저자는 단번에 기억력을 증진시키는 방법은 없다고 하니 이 책을 곁에 두고 잊을만하면 꺼내보시기를…. 스마트폰이 더 빠를지 모르지만….

조가은_옮긴이

청심국제중고와 연세대를 졸업하고, 현재 서울대학교에서 외교학 전공 석사과정 중이다. 학부 재학시절 오랜 학보사 기자 노릇을 하느라 기억력 훈련을 할 수밖에 없었다. 역사와 영화를 좋아한다. 음 또 뭐가 있더라…. 분명 쓸 말이 더 있었는데 기억이 잘 안 난다.